1分钟

人脉

沟通术

领翔 编著

中国纺织出版社有限公司

国家一级出版社　全国百佳图书出版单位

内 容 提 要

　　本书从实际出发，全面总结了那些人脉交际场上沟通高手的心得体会，经过精心整理和编撰，把其中最精华的东西呈现在读者面前，告诉读者如何通过提升自己的语言沟通技巧，全面改善处世交往能力，从而赢得广泛的人脉，为事业的成功、明日的辉煌打下坚实的基础。内容深入浅出，通俗易懂，一定会成为你奋斗路上的良师益友。

图书在版编目（CIP）数据

　　1 分钟人脉沟通术 / 领翔编著 . —北京：中国纺织出版社，2012.9（2023.11 重印）
　　ISBN 978 - 7 - 5064 - 8838 - 9

　　Ⅰ . ①1… Ⅱ . ①领… Ⅲ . ①人际关系学—通俗读物
Ⅳ . ①C912.1 - 49

　　中国版本图书馆 CIP 数据核字（2012）第 148902 号

策划编辑：刘箴言　张永俊　　责任印制：陈　涛

中国纺织出版社出版发行
地址：北京市朝阳区百子湾东里 A407 号楼　邮政编码：100124
销售电话：010—67004422　　传真：010—87155801
http：//www. c-textilep. com
E-mail：faxing@ c-textilep. com
中国纺织出版社天猫旗舰店
官方微博 http：//weibo. com/2119887771
天宇万达印刷有限公司印刷　各地新华书店经销
2012 年 9 月第 1 版　2023 年 11 月第 2 次印刷
开本：710 × 1000　1/16　印张：17
字数：209 千字　定价：68.00 元

人脉是沟通出来的

什么是人脉，简单讲即人际关系？我们每一个人都有能量，不同的能量相碰撞，就产生磁场，产生磁场后，彼此调整自己的频率，就形成人脉场了。

所谓沟通就是对准频率，频率不对，就会听而不闻、视而不见、沟而不通。我们要调整自己的频率，而不是叫别人调整频率。要先观察对方的频率，把自己的调得跟他一样，他就很容易跟你沟通。

中国社会特别重视关系，彼此的关系良好，就算偶尔说错话，也没有什么关系。若是关系不够，或者关系不好，那就会鸡蛋里挑骨头。不过，也有本来关系很好，一句话伤了和气，便老死不相往来的可能。这就更加促使我们要重视沟通的重要性。

事实上，好人脉的建立，沟通是第一位的。拓展人脉的最佳法宝就是：沟通能力。

所谓沟通能力，这其实就是了解别人的能力，包括了解别人的需要、渴望、能力与动机，并给予适当的反应。如何了解？倾听是了解别人最妙的方式。大家都知道"红顶商人"胡雪岩吧，其实胡雪岩的手腕也很简单，胡雪岩会说话，更会听话，不管那人是如何言语无味，他能一本正经，两眼注视，仿佛听得极感兴味似的。同时，他也真的是在听，紧要关头补充一两语，引申一两义，使得滔滔不绝者，有莫逆于心之快，自然觉得投机而成至交。

这就是一种沟通能力。当然沟通能力不仅是学会"听"，还要会"说"。"听"看起来较为容易，但"说"好确是比较难，它需要你掌握很多的技巧：什么时候说？怎么说？说什么？这些都是学问，都是"话术"。

无数事实和经验证明，只要你掌握了沟通的技巧，你的人脉指数就可以快速飙升，只要你把握了话术的精髓，你的人际关系就可以立马改善，有时甚至是能影响你的命运。

有个同学，三年前还是一家公司普通的业务员，而如今已经是某集团北京分公司的一把手。如此平步青云着实令人羡慕。很多人问他成功的秘密，他只是笑而不语。

有一次小聚，酒后吐真言，同学终于道出了其中的缘由。

三年前，有一次他乘坐京津城际列车出差去天津，邻座是一位长相斯文的长者，同学主动与他攀谈了几句，一分钟后，长者就对眼前这个小伙子产生了好感，相谈甚欢，尽管只有短短的半个小时的旅程，但在下车的时候，两人已成了忘年交，并相互留下了联系方式。

同学这时还不知道，这个长者其实是天津一家大型企业集团的老总。有一天长者打来电话告诉了他实情，并说准备在北京成立分公司，副总的职位暂时没找到合适的人选，想请他过去帮个忙。同学欣然应允。半年后，他也用自己的行动证明了自己的实力，顺理成章地荣升为北京分公司的一把手。

这就是真相。这位同学后来总结说，我的命运就因为火车上的那一分钟而改变，正确的时间，正确的地点，再加上正确的沟通方式，幸运之神就翩然而至了。

这就是沟通的力量，也是人脉的力量。

没有沟通就没有人脉，没有正确的沟通同样也不会有人脉。这位同学之所以会在很短的时间内获得赏识，赢得机遇，原因就在于良好的沟通能力，或得了别人的信任。至于他在那一分钟里具体说了什么，用什么样的方式征服了对方的认可，我们会在书中详细阐述。

本书之所以突出"1分钟"是基于两层含义：一是因为书中的沟通技巧简单易学，只要你用心领悟，一分钟即可掌握。二是因为书中的沟通技巧实用性极强，只要运用得当，一分钟之内达到自己的目的，也不是什么难事。

朋友，你想拥有较广泛的人脉资源吗？你想拥有良好的人际关系吗？那么，请学会沟通吧！人脉是沟通出来的！如果你仍然不屈服于命运的安排，仍然对未来抱有信心，那么从今天起就不要再抱怨了，也无需羡慕别人，从现在起，学点人脉沟通术吧！或许，把握好沟通过程中关键的1分钟，你人生的转折点就会出现。

目录

第一章
闲聊的技巧：快速缩短距离的语言定位术

明确目的，有的放矢才能事半功倍 …………………………………… 2

不等不靠，主动争取会大有收获 …………………………………… 3

以点带面，快速拉近双方距离 …………………………………… 5

选好话题，让交谈融洽自如 …………………………………… 6

因地制宜，把话谈到对方心里 …………………………………… 8

设身处地，区分说话对象才能处处受欢迎 …………………………… 9

知己知彼，不打无准备之仗 …………………………………… 13

关注对方，让话题持续不断 …………………………………… 15

问得适宜，打开局面受益匪浅 …………………………………… 16

善解人意，先让对方说个痛快 …………………………………… 18

沉默是金，会听与会说同样重要 …………………………………… 21

巧接话茬，灵活发挥彰显智慧 …………………………………… 24

消除偏见，善意假话也有用武之地 ………………………………… 26

第二章
见面三分礼:60秒与人建立朋友式关系的技巧

礼貌之语,该说的一定不要省 …………………………………… 30

增进了解,自我介绍的礼节常识 ……………………………… 33

他人介绍,扩大交际圈的捷径 ………………………………… 35

迎来送往,待客与做客的礼节之道 …………………………… 37

问候寒暄,见面第一句话至关重要 …………………………… 41

主动询问,增加相互了解的机会 ……………………………… 42

电波传情,不可不知电话沟通礼仪 …………………………… 43

谦虚诚恳,办公室语言沟通礼仪 ……………………………… 48

用餐礼节,宴请时的语言艺术 ………………………………… 49

第三章
打开他人心窗最和谐高效的沟通方式

把握人性,养成赞美他人的习惯 ……………………………… 54

一句善言,改变他人一生的命运 ……………………………… 55

夸奖有道,最有效的交际沟通手段 …………………………… 57

奥妙无穷,赞美是一种高超的学问 …………………………… 60

虚心请教,从他人的兴趣爱好入手 …………………………… 62

讲究方式,不经意间的赞美最受用 …………………………… 63

精诚所至,发自内心的称赞最能使人愉快 ………………… 65

推陈出新,有创意的赞美更让人受用 ……………………… 67

深入细致,赞美要具体才表明不是敷衍 …………………… 68

因人而异，赞美要区别不同的对象 ……………………………… 69

激励有方，赞扬是领导管理下属的好手段 ……………………… 71

联系情境，避免你的赞语引起误解 ……………………………… 73

第四章
好感是聊出来的：1分钟博得他人好感的话术

磁铁效应，幽默使你更受欢迎 …………………………………… 76

交友不难，幽默的人容易接近 …………………………………… 78

善于调侃，给别人戴顶高帽子 …………………………………… 80

机智幽默，获得他人的同情和谅解 ……………………………… 82

心胸博大，幽默帮你控制不良情绪 ……………………………… 85

亲切自然，幽默寒暄增添生活乐趣 ……………………………… 86

自我推销，幽默地自我宣传效果更好 …………………………… 88

玩转职场，幽默帮你树立办公室好人缘 ………………………… 90

大智若愚，展现过人的处世智慧 ………………………………… 92

与人为善，用幽默化解冲突 ……………………………………… 95

宽慰他人，幽默中的博爱之心 …………………………………… 96

敌意幽默，正话反说的妙用 ……………………………………… 99

轻松说理，用幽默将批评包装起来 ……………………………… 100

品德修养，幽默不是低俗的油腔滑调 …………………………… 102

第五章
收揽人心、赢得友谊的至高法则

快乐起来，笑着说话更容易让人接受 ································· 106

懂得感恩，一声"谢谢"沟通心灵 ································· 108

言之有物，少说缺乏真诚的客气话 ································· 109

表示关心，让人感受到你的真诚 ································· 111

诚挚坦率，缩短与听者之间的距离 ································· 113

话诚有情，真诚让友谊历久弥新 ································· 115

言为心声，诚实比欺瞒更有力量 ································· 118

话语亲切，消除人与人心灵的隔阂 ································· 120

赢得忠诚，一句话收揽人心 ································· 121

安慰到位，让对方感受你的温暖 ································· 125

第六章
会说比会做更给力：短时间内求人办事成功的技巧

曲径通幽，开口求人尽量委婉一些 ································· 128

先套交情，良好的氛围好办事 ································· 132

找个理由，激发对方高尚的动机 ································· 134

死咬不放，不达目的不罢休 ································· 136

借人之力，拉大旗做虎皮 ································· 141

顺便提起，让对方不知不觉答应下来 ································· 143

以情感人，摆平领导也很容易 ································· 147

趁热打铁，瞅准时机好成事 ································· 149

第七章
三句话攻破人心的壁垒：巧言妙辩的智慧

善用商量，强硬的命令不一定好使 …………………… 152

换位思考，多从他人的角度看问题 …………………… 154

证据效应，数字更具说服力 …………………… 157

点明利弊，趋利避害是人的天性 …………………… 158

循循善诱，使人心中点头 …………………… 160

忠言顺耳，即使忠告也需要技巧 …………………… 163

理直气壮，用气势压倒对方 …………………… 165

柳暗花明，请将不如激将 …………………… 167

巧妙诱导，让对方一步一步说"是" …………………… 170

简单有效，一个事实胜过千言万语 …………………… 172

动之以情，真正触及对方的心灵 …………………… 174

心理共鸣，瞬间解除对方的对立情绪 …………………… 176

因势利导，让他顺着设定好的思路思考 …………………… 179

正话反说，委婉地说服对方 …………………… 181

抓住关键，强词夺理只能遭人鄙视 …………………… 183

第八章
1分钟化解危机和尴尬的语言应变术

明话暗说，树立良好的交际形象 …………………… 186

以变应变，巧妙地脱离险境 …………………… 188

镇定自若，用简单的语言避其锋芒 …………………… 191

换换思路，问题自然迎刃而解 …………………… 194

因时而变，办公室里说话悠着点 …………………… 197

巧妙回击，以其人之道还治其人之身 …………………… 201

掌握分寸，拒绝他人不再尴尬 …………………… 203

利用破绽，巧妙反击对方的挑衅 …………………… 205

第九章
沟通高手需要掌握的 11 个细节训练

拿出勇气，关掉你脑中的紧张接收器 …………………… 210

多说多练，机会越多进步越快 …………………… 211

积累素材，丰富你的谈资 …………………… 213

善于学习，三人行必有我师 …………………… 215

言不在多，说到点子上才是真功夫 …………………… 216

自然流利，掌握说话的最高境界 …………………… 219

改变习惯，让自己的声音更有魅力 …………………… 220

控制节奏，瞬间改变说话的效果 …………………… 221

颠倒语序，突出语言的闪光点 …………………… 224

巧用体语，让表达更富有魅力 …………………… 226

自审自查，练习之前认识自己的缺陷 …………………… 228

第十章
毁掉你的形象，只需要 60 秒

祸从口出，小心"面子问题"毁了你 ………………………… 232

把好口风，不该说的少说为妙 …………………………… 235

实事求是，赢得口碑的不二法门 ………………………… 237

嘴上逞能，有百害而无一益 ……………………………… 239

看清脸色，巧口说话才能避免失误 ……………………… 241

点到为止，勿做一个讲大话的吹嘘者 …………………… 243

避免歧义，动口之前细思量 ……………………………… 245

过分客套，反而显得虚伪做作 …………………………… 246

不急不躁，说话的时机很重要 …………………………… 247

小心谨慎，尽量说别人爱听的话 ………………………… 249

宽容大度，得饶人处且饶人 ……………………………… 251

言而有信，切忌乱开空头支票 …………………………… 254

和睦相处，远离办公室语言沟通禁忌 …………………… 255

参考文献 …………………………………………………… 257

第一章

闲聊的技巧：
快速缩短距离的语言定位术

明确目的，有的放矢才能事半功倍

我们在平常的生活和人际交往中，闲谈时的失言是不可避免的。失言的原因是多方面的，但其中最根本的原因，往往是对谈话缺乏清醒的目的意识。

谈话的目的，不只是一种社交上的需要，也不只是互相认识和了解一下。

例如，你找一位朋友，请他参加一个团体，或者请一位医生解决一个医疗问题，或是买卖双方谈论生意上的事情，这一类谈话究竟和一般社交性质的谈话有什么不同呢？在有些方面，两者是一样的。例如，你要具有一般的谈话能力，你要能够适应对方，尽可能了解对方的特点，你要有兴趣，态度要友好而真诚，等等。但有些地方却是不同的，这类谈话，每次都有一个特殊的目的。

一般来说，人们说话的目的，不外乎以下五种：

1. 传递信息或知识。如课堂教学、学术报告、现场报道、产品介绍、展览解说等一类的说话。

2. 引起注意或兴趣。多是出于社交目的，或为了与人接触，或为了与人沟通，或为了表明自身的存在，或为了取悦于人，如打招呼、应酬、寒暄、提问、拜访、导游、介绍、主持人讲话等。

3. 争取了解和信任。旨在交流感情，增进友谊，密切关系。如叙旧、拉家常、谈恋爱等。

4. 激励或鼓动。旨在加强人们现有的观念，坚定信心，振奋精神，有时也要求得到行动上的反应，如赞美、广告宣传、洽谈、请求、就职演说、鼓动性演讲，以及聚会、毕业典礼和各种纪念活动、庆祝活动中的讲话等。

5. 说服或劝告。诸如谈判、论辩、批评、法庭辩护、竞选演说、改革性建议等此类说话，大多力图改变对方的某种观念或信念，阻止对方采取某种行动。

坚持话由旨遣的原则，明确说话目的，是说话取得成功的首要条件。目的明确，谈话、社交往往能够取得良好的效果，有时甚至能够使说话人急中生智，化险为夷。

只有明确了目的，才知道应准备什么话题和资料，采取何种语体风格，运用哪些技巧，从而能够有的放矢，临场应变。若目的不明，不顾场合地信口开河、东拉西扯，对方就会不知所云，无所适从。

因此，每次说话之前，不妨扪心自问："我为什么要说？"或者，"人家为什么要我说？"预先想一想可能产生的效果，并把预期的效果当做目标并为之努力。

不等不靠，主动争取会大有收获

正如"天上不会掉馅饼"一样，人脉的建立也需要我们主动争取。1 分钟人脉沟通术最重要的一条就是，在平时的人际交往中不能总是等别人来交谈，必要的时候，主动出击会大有收获。

在聚会上，看到角落里有新人郁郁寡欢，这时你可以主动走过去打破沉默：

"听说你写得一手好字。"

"听说你二胡拉得很好。"

"听说你有一个很可爱的女儿。"

"你夫人在电视上常露面，是个优秀的女性，在家里也一样优秀吧？"

但如果遇到腼腆者怎么办？如：

年轻的学生在跟老师初次见面时局促不安，老师亲切而随和地问：

"中午用过饭了？"

"用过了。"

"到哪家店吃的？"

"到××店。"

"哦，那家店的咖啡不错呢！我读书时常到那儿去，我的一个女朋友就是在那儿认识的。"

这样话题便打开了，再局促的学生也会活跃起来，转入正题的谈话契机由此产生了。

"众里寻他千百度，蓦然回首，那人却在灯火阑珊处。"那种在众人欢聚时，却因生性腼腆害羞而独处一角、郁郁寡欢的人，经常在朋友聚会时可以发现。往往是熟识的人聚在一起，谈笑风生，陌生的新人躲在角落，独饮独啜。这时，我们不应冷落新朋友，善于交际者总是会拉他进入谈话圈内，使他有参与感。但如果新朋友仍因紧张而无法融入气氛，最好是采用如上例那样反客为主的方法，使他成为谈话的中心，因为在谈论自己的事情时，拘谨者一般会放松心情。

以不善言辞者为谈话的中心，消除他在众人面前的紧张情绪，使新朋友能感到你温暖的体贴。这是灵活运用谈话技巧的方式之一。

大千世界，人性各异。我们在交谈中时常会遇上一些沉默寡言很腼腆的人。在这种情况下，他们往往只是因为害羞腼腆，深感才疏学浅或有难言之隐，这时你应准确地把握这种心态，循循善诱，将话题尽量细小化。

金石为开需要你的精诚所至。他山之石，可以攻玉，重要的是你在初次见面中运用精诚，使用他山之石，那么最沉默的玉也会被琢成器，最终成为你人脉圈中重要的一环。

以点带面，快速拉近双方距离

日常交往并不总是在熟人间进行，有时要闯入陌生人家庭的领地。进入一个陌生的环境里，要想迅速打开局面，首先要寻求理想的"突破口"。有了"突破口"，便可以以点带面或由此及彼地发挥开去，从而实现让对方在感情上接受你的效果。老人、小孩容易接近，也喜欢让你接近，融洽全家气氛，这样"套近乎"的目的就水到渠成了。

人常说：要讨母亲的欢心，莫过于赞扬她的孩子。聪明的人应该利用孩子在交际过程中充当沟通的媒介，一桩看似希望渺茫的事，经过孩子的起承转合，便会迎刃而解。

在纽约某大银行工作的乔·理特奉上司指示，秘密进入某家公司进行信用调查。正巧理特认识另一家大企业公司的董事长，这位董事长很清楚该公司的行政情形，理特便亲自登门拜访。

当他进入董事长室，才坐定不久，女秘书便从门口探头对董事长说：

"很抱歉，今天我没有邮票拿给您。"

"我那12岁的儿子正在收集邮票，所以……"董事长不好意思地向理特解释。

接着理特便开门见山地说明来意。可是董事长却含糊其辞，一直不愿作正面回答。理特见此情景，只好离去，没一点儿收获。

回去后，理特突然想起那位女秘书向董事长说的话，邮票和12岁的儿子。同时，也联想到他服务的银行国外科，每天都有许多来自世界各地的信件，有许多各国的邮票。

第二天下午，理特又去找那位董事长，告诉他是专程替他儿子送邮票来的。董事长热诚地接待了他。理特把邮票交给他，他面露微笑，双手接过邮票，就像得到稀世珍宝似的自言自语：

"我儿子一定高兴得不得了。啊！多有价值！"

董事长和理特谈了40分钟有关集邮的事情，又让理特看他儿子的照片。一会儿，没等理特开口，他就自动地说出了理特要知道的内幕消息，足足说了一个钟头。他不但把所知道的消息都告诉了理特，又召来部下询问，还打电话请教朋友。理特没想到区区几十张邮票竟让他圆满地完成了任务。

其实，再强硬、再难打交道的人，只要能找到他感情的软肋事情就好办。人心都是肉长的，你的话如能让他的心窝子热乎乎的，再生冷的场面也会圆融了。

选好话题，让交谈融洽自如

谈话就是要善于寻找话题。有了好题目，写文章往往文思泉涌，一挥而就；有了好话题，交谈就能使谈话融洽自如。好话题是初步交谈的媒介，深入细谈的基础，纵情畅谈的开端。好话题的标准是：至少有一方熟悉，能谈；大家感兴趣，爱谈；有展开探讨的余地，好谈。

那么，怎么找到话题呢？

1. 中心开花

如果你面对的是很多陌生人，就要选择众人关心的事件为话题，把话题对准大体的兴奋中心。这类话题是大家想谈、爱谈，又能谈的，人人有话，自然能说个不停，这样就能引起许多人的议论和发言，达到

"语花"飞溅的效果。

2. 即兴引入

就是即兴地借用当时的地点、场景、人物等的某些材料为题，借此引发交谈。有人善于借助对方的姓名、籍贯、年龄、服饰、居室等，即兴引出话题，常常可以取得好的效果。"即兴引入"法的优点是灵活自然，就地取材，其关键是要思维敏捷，能由此及彼进行联想。

3. 投石问路

向河水中投块石子，探明水的深浅再前进，就能有把握地过河；与陌生人交谈，先提一些"投石"式的问题，在略有了解后再有目的地交谈，便能谈得更为自如。如在聚会时见到陌生的邻座，便可先"投石"询问："你和主人是老乡，还是老同学？"无论问话的前半句对，还是后半句对，都可循着对的一方面交谈下去；如果问得都不对，对方回答说是"老同事"，那也可谈下去。

4. 循趣入题

找到陌生人的兴趣，循趣发问，能顺利地进入话题。如对方喜爱象棋，便可以此为话题，谈下棋的情趣，车、马、炮的运用等。如果你对象棋略知一二，那肯定谈得投机。如你对象棋不太了解，那也正是个学习机会，可静心倾听，适时提问，借此增长见识。

5. 搭上关系，由浅入深

与陌生人谈话，必须在缩短距离上下工夫，力求在短时间内了解得多些，缩短彼此的距离，力求在感情上融洽起来。孔子说："道不同，不相为谋。"聪明者要想方设法让对方觉得你们志同道合，这样才能谈得拢。有一个成语叫做"一见如故"，陌生人要能谈得投机，要在"故"字上做文章，变"生"为"故"。

因地制宜，把话谈到对方心里

我们都有这样的经历：年幼的时候，总有父母、师长对我们教导，长大后又有朋友之间的交流，实际上这都属于谈心的范畴。谈心就是打开双方的心扉，通过良好的沟通促进彼此的理解，让事情朝好的方向发展。那么是不是所有的人都会谈心呢？不一定。你也许可以高谈阔论两三个小时而面不改色，却不一定会轻声细语地谈心，而这种方法有时候更适合解决问题。

下面我们就讨论一些谈心的原则。首先，融洽关系，制造一种和谐的谈话气氛。说句笑话，讲点让人高兴的事情，拉近了感情距离，效果就会好得多，哪怕煽情些也不伤大雅。其次，要注意谈话的态度，要亲切自然，消除对方谈话的戒心。如果对立情绪较大，可采取冷处理的方法，暂时延缓谈话，或者曲线交谈，从另外的事入手。在亲切之余，要注意诚恳。再次，谈话要有的放矢，目标明确，不能让对方感到无所适从。最后，要注意选择方法，增强谈话的效果。一位哲学家说："世界上没有完全相同的两片树叶。"根据谈话对象的不同采取不同的方法，可以直奔主题，也可以迂回进行。

这些原则和方法的核心在于清楚地认识谈话对象，从谈话对象的角度去决定沟通的方式和内容，所谓谈心要抓心。

此外，说话还要动听入耳。因为，交流总是双向的，不论是在公共场合发表演讲，还是和别人随意交谈，除了自己（说话人）以外，还有对象（听话人）。为此，说话人不能想说什么就说什么，而要看对象，从对象的不同特点出发，说不同的话，从而创造一种和谐、融洽的气氛，达到说话的目的。

朱元璋做了皇帝之后，他从前的一位贫苦朋友从乡下赶来找他："我主万岁！当年微臣随驾扫荡庐州府，打破罐州城，汤元帅在逃，拿住豆将军，红孩儿当关，多亏菜将军。"朱元璋听他说得好听，心里很高兴。回想起来，也隐约记得他的话里像是包含了一些从前的事情，所以，就立刻封他做了大官。这个消息让另外一个贫苦朋友听到了，也去找朱元璋，一见面，他就直通通地说："我主万岁！还记得吗？从前，你我都替人家看牛。有一天，我们在芦花荡里，把偷来的豆子放在瓦罐里煮着。还没等煮熟，大家就抢着吃，把罐子都打破了，撒下一地的豆子，汤都泼在泥地里。你只顾从地下满把地抓豆子吃，却不小心连红草叶子也送进嘴里。叶子鲠在喉咙口，苦得你哭笑不得。还是我出的主意，叫你用青菜叶子放在嘴里一口吞下去，才把红草叶子带下肚子里去……"朱元璋嫌他太不会顾全体面，不等听完就连声大叫："推出去斩了！推出去斩了！"

两个人说的是同一件事，可是因为说话的方式不同，就得到了截然不同的待遇。人们在社交生活的实践中，道理也是相同的。如何取悦你的谈话对象是很重要的原则，取悦你的谈话对象并不意味着一味附和对方，而只是希望能够更好地达到交流的目的。

设身处地，区分说话对象才能处处受欢迎

与人沟通不仅仅是提问和答辩，还要依照不同场合、不同人群、不同风俗、不同背景自然表达，只有这样你才能八面玲珑、处处"吃香"。

1. 看性别说话

性别不同，对言辞的接受也有差别。俄罗斯有一句谚语说："男人

靠眼睛来爱，女人靠耳朵来爱。"这就指出性别对于接受是有影响的。无论是言辞涉及的内容，还是言辞表达的程度、声调都如此。

在社交场合、会议间隙、公益活动中，人们在礼节性地互致问候之后，往往喜欢三个一群、五个一伙地聚在一起交谈。而这三个、五个的，又总是按性别组合——男士与男士侃，女士与女士谈。我们注意到这样一个情况，男士的话题大而广，女士的话题小而狭。一般说来，男士爱谈的是时事、政治、法律、体育、文化、社会问题、经济动向等；而女士爱谈的则是孩子、丈夫、日常经济、消费心得、风流艳闻等。说话者必须依据接受对象的性别选择说话内容，努力使自己的言辞吻合听者性别的需求。

在说话者言辞接受的程度上，一般说来，男士较能承受率直、干脆、粗放、量重的话语，而女士则喜欢委婉、轻柔、细腻、量轻的话语。说话者必须依据接受对象的性别选择自己的表达方式与程度。

在通常情况下，说话者如果是男士，而接受者又并非自己的妻子、恋人或关系很密切的异性，那么言辞就应当严格把握分寸，在内容上、方式上充分注意女性的接受特点。对一些可以向男士说的话，就不一定能向女士说；对一些可以向男士使用的表达方式，就不一定适合女性。

2. 看教养层次说话

教养是指接受对象的一般文化和品德水准。包括文化程度、知识积累、生活阅历、涵养气度等。教养层次不同，对说话者言辞的接受程度也不同。有些话说出来，甲听得懂，理解得了，乙就可能听不懂，理解不了，像作家丁玲的小说《太阳照在桑干河上》中的人物——工作组组长文采的演讲，就是没有区分接受对象的教养层次和实际需求，而致使"言者谆谆，听者藐藐"。所以，说话者在进行言辞表达时，要认清自己的接受对象教养层次如何，盲目表达不仅达不到说话的目的，甚至弄巧成拙，被贻笑大方。在现实交往中，从我国现阶段的国情看，对接受对象教养的认识，更多的还是文化程度不高、知识欠丰富者。说话者面对这样的接受对象，或一时间不能确定其教养程度时，所表达的言辞，应力求通俗化、大众化；那种故作深沉、掉书袋的做法，是不可取的。

3. 看性格说话

人各有其情，各有其性。言辞表达的内容与方式必须因人而异，符合接受对象的脾气、性格，才有可能产生"同声相应，同气相求"的效果。

性格外向的人易"喜形于色"，性格内向的人多半"沉默寡言"。同性格外向的人谈话，你可以侃侃而谈，同性格内向的人谈话，则应注意循循善诱。

两千多年前，孔子就注意针对学生的不同性格来回答其问题。有一次，孔子的学生仲由问："听到了，就去干吗？"孔子回答说："不能。"另一个学生冉求也问："听到了，就去干吗？"孔子说："干吧！"公西华听了有些疑惑，就问孔子："两个人问题相同，而你的回答却相反。我有点儿糊涂，想来请教。"孔子答："求也退，故进之；由也兼人，故退之。"（意思是，冉求平时做事好退缩，所以给他壮胆；仲由好胜，胆大勇为，所以我要劝阻他。）

可见，孔子诲人不是千篇一律，而是因人而异，特别注意学生的性格特征的。日常生活、公关活动等各方面的交谈也要注意这一点。

4. 随对方心境说话

心境，通俗地称为心情，是一种比较持久的、难言的，但能影响人的整个精神活动的情绪增大状态。大家知道，在听觉方面，声波在耳蜗内转变成一种可供神经系统使用的密码，通过神经系统的处理，听者就把这些编了码的信号感知为能够表达说话者意思的词汇。既然听者要将接受到的信息通过神经系统处理，那么，听者的心境，必然影响到语言的交流效果。

人际交往中经常会有"言者无意，听者有心"的情况，说话不注意洞察对方的心理状态，往往会生意外的事端。

《红楼梦》第八十三回写到大观园中一个婆子教训自己的外孙女："你这不成人的小蹄子！你是个什么东西，来这园子里头混搅！"这话恰好被黛玉听到，她误认为婆子骂她，于是大叫一声道："这里住不得了！"直气得"两眼反翻——亡去"。婆子的话本来是不让外孙女到大观园中来，但黛玉不知实情，她那种寄人篱下的特定处境和心态使她产生了误会。所以同样一句话，不同的人听来感受完全不同。

5. 看文化背景说话

语言与文化、社会背景本来就是既相辅相成又相互制约的，也就是说，当我们在传递任何讯息时，总是会受到不同社会和文化的影响，因此，为了让语言运用达到最佳效果，必须清楚辨明各种社会及其文化对双方的影响。

在交谈时，一切的言行均在一定的社会和文化背景下进行，换言之，一定要符合所谓文化特色、社会规范或伦理准则。它一方面力求避免和克服与特定场合不协调、不适应的情况；另一方面，也更重要的是有意识地主动联系社会规范，并选择一定的表达方式，以有效发挥语言的表达功能。

一般而言，我们的社会环境、历史背景、文化特征，往往会赋予语言在本身意义外的附加意义和功用，从而对人际往来产生影响。所以，当我们在使用具有"附加意义"的语言时，必须特别小心谨慎，如果随意乱用，势必弄巧成拙。不同的民族有不同的文化特征，而不同的民族语言也反映了其不同的文化特征，因此，在语言的运用上必须注意文化差异。

例如，我们和同事、朋友、邻居走对面时都会说声："吃过饭了吗？""这么早，上哪儿去呀？"谁都知道这是一种亲切的问候和招呼，但在不同的民族文化里，却可能引起误解或不快。譬如对欧洲人或美国人说"吃过饭了吗"，对方可能以为你要请他吃饭，当他发现你只是随口的一声问候时，便会认为你虚情假意、言不由衷，从此对你印象极差。"你要多穿些衣服，别感冒了。"在我们听来这是一种关怀，但美国人听了也许会认为你是在指使他，反而对你产生反感。

由此可见，与人交谈时，多多了解对方的社会、文化背景，一方面可以避免或克服某种不协调的情况，另一方面则可以有意识地运用其背景加强谈话效果。

知己知彼，不打无准备之仗

人们常说"不打无准备之仗"，当需要求助陌生人办事时，就像在打一场仗，只有事先做好充分的准备才有可能一战而胜。那么，要做哪些准备呢？一方面，可以通过多种渠道了解对方的背景、经历、性格、喜好；另一方面，在对对方基本情况了解的前提下，设想有可能出现的问题，做好以不变应万变的心理准备。然后，在交往之中针对对方的特点有的放矢、投其所好。令其大有相见恨晚之感，从而成功赢得对方信任。

盛宣怀是晚清的一位大臣，他在拜见陌生的上级时，就非常注意了解对方的有关情况。一次，在李莲英的保荐下，醇亲王特地在宣武门内太平湖的府邸接见盛宣怀，向他垂询有关电报的事宜。盛宣怀以前没有见过醇亲王，但与醇亲王的门客"张师爷"过从甚密，从他那里了解到两个方面的情况：第一，醇亲王跟恭亲王不同，恭亲王认为中国要跟西洋学，醇亲王则不认为中国人比洋人差；第二，醇亲王虽然好武，但自认为书读得不少，颇具文采。盛宣怀了解情况后，就到身为帝师的工部尚书翁同龢那里抄了些醇亲王的诗稿，念熟了好几首，以备不时之需。

另外，盛宣怀还从醇亲王的诗中悟出了些醇亲王的心思，毕竟文如其人。胸有成竹之后，盛宣怀前来谒见醇亲王。

当他们谈到"电报"这一名词时，醇亲王问："那电报到底是怎么回事？"

盛宣怀回答道："回王爷的话。电报本身并没有什么了不起，全靠活用，所谓运用之妙，存乎一心，如此而已。"

醇亲王听他能引用岳武穆的话，不免另眼相看，便问道："你也读过兵书？""在王爷面前，怎么敢说读过兵书？不过英法内犯，文宗显皇帝西狩，忧国忧民，竟至于驾崩。那时如果不是王爷神武，力擒三凶，大局真不堪设想了。"盛宣怀略停了一下又说，"那时有血气的人，谁不想洗雪国耻，宣怀也就是在那时候，自不量力，看过一两部兵书。"

盛宣怀真是三句话不离醇亲王的所好。

醇亲王是盛宣怀的上级，他的接见关系到盛宣怀的前途与命运，因此，盛宣怀花了不少工夫来打探醇亲王的情况，对他的喜好、性格了解得一清二楚，为自己增添了不少信心。拜谒之时，盛宣怀句句话说在醇亲王的心坎儿上，使他觉得这个人很合自己的胃口，于是很快对他委以重任，盛宣怀的未雨绸缪帮了自己的忙。

关注对方，让话题持续不断

在交谈的时候，除了吸引对方和引起对方的兴趣以外，还有一个任务，那就是要引导对方加入交谈。

你必须注意一点：自己是否挫伤了对方的自信？是否给对方留有充分发表见解的机会，而不是拒之于谈话之外？

更重要的是你能否对他们的话表现出关注，而不是只顾自己感兴趣的话题。

交谈就像传接球，永远不是单向的传递。如果其中有人没有接球，就会出现一阵难堪的沉默，直到有人再次把球捡起来，继续传递，一切才能恢复正常。

问一些需要回答的话，这样谈话就能持续不断。

如果你感觉到很难让你的谈话对象开口畅谈，不妨用下列问句来引导他们：

"为什么……"

"你认为怎样才能……"

"按你的想法，应该是……"

"你怎么正好是……"

"你如何解释……"

"你能不能举个例子"

"如何"、"什么"、"为什么"、"怎么样"这几个词是提问的法宝。

当然，如果回答还是个僵局，那就和提问是僵局一样，交谈仍然无法进一步展开。你必须尽一切努力把球保持在传递中，而不是使它停在某一点。

有时，你的谈话对象一开始不同你呼应，那也许是他还有些拘束，也许是他太冷漠，或者反应太迟钝，或者你根本就没有接触到他感兴趣的话题。

在参加聚会之前，如果能够从主人或女主人那里打听到一些客人的情况，一定会对谈话有所帮助。不过，即使如此，也未必能确保别人一定开口畅谈，打破矜持的气氛。也许在用餐时，你不得不和一位高傲的律师同座，而你想尽方法使他开口却没有办到。那你也不要灰心，接着再试一试。你提到非法越境进入美国的墨西哥人问题，他可能无动于衷。但你谈起用肺呼吸潜水，也许他就很有兴趣。或许，你还可以提起保护环境及计划生育等问题。

奈尔·柯华博士曾经这么说过："我对于世界的重要性是微乎其微的。但从另一方面来说，我对于自己却是非常重要的。我必须和自己一起工作，一起娱乐，一起分担忧愁，一起享受快乐。"

这是完全正确的，因为人的本性总是以自我为中心。

如果你对这个最基本的人类本性已不再感到震惊，你就会懂得如何调节自己适应谈话了。坦率地说，和对方谈他们感兴趣的话题，实际上对你自己也是有益的，尽管他们所爱好的和你所爱好的可能不尽相同，你可以先满足他的自尊心，然后再满足你自己的自尊心。

问得适宜，打开局面受益匪浅

在与人闲谈的过程中，不仅要能说，还要会问。举例而言，假如对方是医生，而你对医学却是门外汉，你就可以用"问"的方法来打开局面。"近来感冒又开始流行了，贵院大概又要忙一阵子了吧？"一句和时令或新闻有关，同时又贴近对方工作的话题，是最得体的问题。这样一来，对方的金口就开了。由此可以打开话匣子，从感冒的症状谈到气候，谈到药和补品……只要你不厌烦，你可以一直引他谈下去。遇到做生意的人，你可以问他近来生意如何，哪些东西好卖？遇到教师则问他学校的情况，学生的素质和倾向。总之，问话是打开对方话匣子的最好方法。

问话时要注意的是问对方善长的问题。如果你不能确定对方是否内行，那么就以不问为佳。如问一个警员"三年本市发生的车祸有多少起？"这是一般人不容易记清的事，要是对方回答"不太清楚"，这不但使回答者有失体面，而且双方都感到没趣，这样就不能一击而中。

关于政治见解不宜问，除非对方是一位政治家或权威人物。因为普通人的政见有很大的差异，他不知道你有无成见。聪明的人一般不会开诚布公地回答这种问题，所以最好还是不问为佳。

有些问题，当你得不到满意的答复时，是可以继续问下去的，但有一些问题就不宜再问。比如你问对方住在哪里，他如果只说地区而不说具体地址，你就不宜再问在某路某号。如果他愿意让你知道的话，他一定会主动详细说明的，而且会补充上一句，邀请你去坐坐；否则，便是不想让别人知道，你也不必再追问了。举一反三，其他诸如此类的问题，如年龄、收入等也一样不宜追问，以免引起对方不快。

不可问对方同行的营业情况。同行相忌，这是一般人的通病。因为他回答你时，若不是对其同行过于谦逊地赞扬，便是恶意地诋毁。在一个人面前提及另外一个和他站在对立地位的人或事总是不明智的。

此外，在日常交际中要知道的是：一般来说，不宜问及对方衣饰的价钱；不宜问女士的年龄（除非她是六岁或六十岁左右的时候）；不宜问对方的收入；不宜详问对方的家世；不宜问对方用钱的方法；不宜问对方工作的秘密，如化学品之制造方法等。

凡对方不知道或不愿意让人知道的事情都应避免询问。问话的目的在于引起双方的兴趣，而不是使任何一方没趣。若能令答者起劲，同时也能增加你的见闻，那是问话的最高本领。

一位社交家说："倘若我不能在任何一个见面的人那里学到一点东西，那就是我的处世的失败。"

这句话很发人深省，因为虚怀若谷的人，往往是受人欢迎的。记住，问话不仅能打开对方的话匣，而且你可以从中增长学问。

善解人意，先让对方说个痛快

有这样一位老师——他的做法值得我们反思。他心存好意，将成绩下降的学生请到办公室，想要劝服他以后不要贪玩，好好学习，他是这样说的：

"小明啊，你怎么这么不听话呢？你吃饭、穿衣、上学的钱都是你父母辛辛苦苦赚来的啊，你应该好好学习将来报答他们呀。就算你不理解他们的一番苦心，你也应该为自己的前途想想啊，不学本领将来怎么在社会上立足呢？父母会老的，他们养不了你一辈子……"

小明不耐烦地说："够了，你知道什么？你凭什么来说我？"

说完，小明跑出了办公室。显然这个老师的做法是很不明智的。在谈话过程中，他不是让对方先谈自己的情况，而是不分青红皂白地说教。严肃的气氛不仅不能了解学生成绩差背后的原因，更容易让学生产生逆反心理。

换个方法，如果老师先让学生自己讲述自己的故事，在充分了解他之后，再从他的经历出发，用他容易接受的话语进行劝说，肯定会收到意想不到的效果。

法国著名传记作家拉罗斯福说过一句很值得我们深思的话："我们与人交谈，总觉得知音难觅，和者鲜寡，其原因之一，就是人们几乎都对自己要说什么想得太多。"言下之意是，在考虑自己要说什么的同时，更要多听听别人说的是什么。说和听是不可分割的两个方面。正如维克多·金姆在《大胆下注》中所说的："你应该少说为妙，我确信，如果你说得越少，那么你在谈判中，就越容易成功。"

虽然从对方的行为态度中可以辨别出他的心意，但是看透对方的方法，最主要的还是让对方多说话，凡是善解人意的能手，都能借着相互间的交谈来透视对方。

现代心理学，对于这个道理早已做了彻底的、系统的分析。不过追本溯源，最先持有这个见解的人，当推2300年前的韩非子。

韩非子认为，如果要听取对方的意见，应该以轻松的态度来交谈，我们可从中引导，让对方有多开口说话的机会，对方肯说出自己的意见，我们就能根据他的意见，去分析透视他的心意。

无论是怎样的话题，都应该让对方尽量去发挥，无论内容是否真实，我们都可引来作为判断的资料，资料越多，我们的判断就越正确。但是，这样做并不是叫你一句话也不说，只默默地去听对方说话。过分的沉默，会使对方不好意思继续说下去，反而容易中断交流的进行。我们的目的，在于让对方痛痛快快地把话说出来，了解对方的心意，因此必要时，我们应想法把对方诱导到知无不言、言无不尽的境地。

《孙子兵法》讲："兵无常势，水无常形，能因敌变化而取胜者，谓之神。"在交谈中双方有些预想目标是有冲突的，加上表达不恰当，就会话不投机。当对方说一些你不感兴趣的话，或者对方的某些言语刺激了你，你不应该因此就听不下去，或者试图打断对方的话，当即予以反驳。

善于说话的人要有过硬的心理素养，应该用理智控制自己的感情冲动，耐心地听下去，让对方把话讲完。要分析话语中的意思，透视对方真正的意图所在，沉着冷静地想出对策，选准时机用恰当的方式阐明自己的观点。

韩非子还说，不要使对方因为你的话而不能继续说下去。因此，我们开口发言时应多加斟酌，尽量不要将话说入死角，让对方无言以对。

每一个人都喜欢讲述自己的故事，都想有个知心的听众，不仅能够认真地听自己讲完，还能赞同自己的观点；另外，每一个人又有探知别人秘密的心理，并且都想及早转告别人，让他人知道自己的利害之处，因为秘密并不是每个人都可以探知的。这种现象，也许可以说是人的本性。

"一吐为快"的心理，有时候会受到某种因素的限制，不敢大胆地表达出来，遇到这种情况，我们应该想办法解除限制，这样，对方就会自动地说出心意了，这就是所谓"善解人意"。

偶尔听到部属结结巴巴向上司汇报事情的时候，如果上司很不耐烦地说："好了好了！不要结结巴巴的，有什么话赶快说。"那这位上司，真可以说是比封建时代的君主还要专制！时间一久，他肯定不会再听到下属真实的意见。

假如对方因为某种因素而说不出话时，你应该想办法去帮助他，使他很自然地说清楚才对。以下就是帮助对方把话说出来的几种方法。

1. 表示赞美对方的行为，也是"善解人意"的一种方法。像别人对我们表示赞同一样，有时我们也应该适当地向人表示赞同。但这种表示赞同的行动，不宜太快或太慢，因为太过与不及都会使对方认为你是虚伪的。

真正巧妙地表示赞同的方法，就是要了解对方说话的内容和趋向，然后从多方面协助他，使他的谈话能够流畅，最好在他做结论时，你就可以向他表示赞同。

2. 可以使用"唔"、"对"、"有道理"……这类口头语。运用这类口头语，是对对方的谈话简单的反应方式。虽然只是几个词，但是却能给对方很大的鼓舞，因为他知道他的话有人在听，他的话不是废话，不是讨人厌的。所以，适当地运用这类口头语也能达到让对方继续说话的目的。

3. 有时故意质问或作轻微的反驳，也可激起对方的兴趣，使他滔滔不绝地说下去。故意质问或作轻微的反驳，似有暗示对方你对这个话题很感兴趣，希望他能够更加详细地讲下去。这时，他本来不准备说的话也可能在你的鼓励下说出口了。

"言多语失"说的是自己不要多说话，以免说错话。但是，在与人交谈的时候，一定要让对方多说话。只有听对方说的多了，你才能更加了解对方。这时，无论是一般性的交谈还是与对方辩论，你都掌握了主动权。所谓"知己知彼，百战百胜"，了解他，你才能说出他爱听的话，你的观点才能战胜他的观点。

沉默是金，会听与会说同样重要

沉默，在某些闲谈中也是一种策略，迫使对方说话，而自己却有一种主体感和独立感。诚挚地聆听别人的倾诉，不只是一种同情和理解，不只是一种单向的付出，更是一种关爱和礼貌。

我们为人处世，做每件事情，时时刻刻都要讲究一个用心。做一件事，如果不是经过心中反复考虑才决定的，那肯定是一种任意鲁莽的行为；与人交谈，如果没有用心去听，很快会惹来他人的不快，以致拂袖而去；同样，课堂的学生上课时没有用心地去听老师讲课，这一节的内容知识肯定没有掌握，以致到考试时才抓耳挠腮。因此，时时刻刻都要三思而行，要用心去听、去看、去学，才能不鲁莽行事，才能具有生命的活力，才能以不变应万变。

人们一致认为，善于倾听的人，别人欢迎，自己长智。而善于倾听的人，往往又善于沉默。善于沉默也是正确判断的基础，它会让你细心地倾听他人的意见。积极倾听的人把自己的全部精力——包括具体的知觉、态度、信仰、感情以及直觉都或多或少地投入到听的活动中去，从而集思广益。

空白之处，能给人以联想、思想；沉默之中，能蕴涵万语千言。有时，保持沉默会比解说辩护更为有效得益。特别是自我辩解时，适当地使用沉默，有时可免于陷入纠缠，达到良好的效果。另外，适时的沉默，适时的寡言，不仅能体现一个人的内在力量与修养，还是一种交际技巧。

聆听，不仅是一种关爱，也是一种礼貌。办事的能力不光体现在嘴上，而是体现在行动的过程中。

一次小李和小杨喝酒，他们是互不设防的知心朋友，半斤酒下肚，痛苦的小杨，便一股脑儿地把他的一肚子苦水哗哗倒了出来。

小杨在一家企业里当个小官，就是人们常说的中层干部。平日里，他身体力行，谨小慎微，忙碌得很累很苦，图的是向上有个好交代，向下讨个好口碑。在家里，妻子承担了全部家务，天长日久，怨忧日甚，不是常常弄个红脸给他看，就是时不时地对他冷嘲热讽。厂里家内，他受两面夹击，已忍无可忍。小李默默地聆听着小杨的诉说，并择机疏导安慰。那一晚，小杨很感动，当他们走出饭店，夜空已繁星点点，街市已灯火辉煌，小杨的步履变得轻捷了，口中不由得哼起了小曲。

现代人的生活充满了压力，我们蛰居在这个钢筋混凝土构筑的都市里，难免会感到疲惫、苦恼，或事业受挫、身虚体弱、家庭出现危机、恋爱告吹、遭流言中伤……生活就是这样，你无法抗拒这不期而至的苦恼。有的人，由此神情沮丧、士气低落、脾气暴躁、情绪不宁。陷入此境的人，很需要宣泄的通道，需要有人聆听他或她的倾诉，需要朋友、同事的慰藉，我们如果对此给予理解和真诚的疏导，他们还会是搏击长空的鹰，还会创造更大的辉煌。反之，如果没有人理睬，或是随意地敷衍他们，那么无疑是把他们推向更苦闷的境地，那对他们来说无疑是痛苦的深渊。

起初，李明并不善于聆听别人的倾诉，但一次经历却改变了他。

那时，李明是一个极其普通的操作工，可能是因当时的处境，也可能是当时的不成熟，他的苦恼越积越多。与日俱增的苦恼令他沮丧，回家常发无名之火，闹得家人不得安宁。后来，他很幸运地结识了一位敦厚年长、十分善解人意的师傅。师傅经常和他聊天，听他倾诉苦水，也帮助他积极上进，并帮他与他人沟通。自从他结识了这位师傅，苦水既出，心平气顺，磕磕碰碰少了，于是专心努力工作，结果登上一个又一个台阶，获得一次又一次成功。

十年过去了，树叶黄了又青，那位师傅当年专注聆听的神情和安慰的言语至今仍使李明记忆犹新。也是从那时起，他也学会了聆听，聆听时专注、投入、耐心、关心。

因此，许多人愿意把自己的隐秘事情和苦恼心绪告诉他。不管怎么说，人与人之间的沟通，就是想从他人身上获得同情、理解和谅解。人际关系是建立在无私奉献的基础上的。如果你懒得把温暖给予别人，你也就别奢望他人的光亮会反射到你的身上。

因为每个人的经历都是丰富多彩的，所以每一个人的生活履历，都是一部蕴藏丰富内容的教科书，都可供你阅读和吸取有益的养分，从而时刻提醒自己，避开前进中的沼泽。所以说，我们要善于去接近和喜欢别人，要学会聆听别人的话。

巧接话茬，灵活发挥彰显智慧

抗美援朝时期，一些外国记者敌视中国人民，常常利用采访的机会，表达对中国人民的敌意。

有一次，一位外国记者采访周总理。周总理刚批阅完文件，顺手把钢笔放在桌上。外国记者看见桌子上放的是一支美国生产的"派克"钢笔，便故意地问："请问总理阁下，你们堂堂的中国人，为什么还要用美国生产的钢笔呢？"周总理朗声笑着答道："提起这支笔，那可说来话长。这不是支普通的笔，是一位朝鲜朋友抗美的战利品，作为礼物送给我的。我无功不受禄，就想谢绝，哪知那位朋友说，留下作个纪念吧！我觉得有意义，便收下了这支美国生产的钢笔。"记者听完后，一句话也说不出来了。

周总理是一个有着丰富外交经验的人，他一听外国记者的问话就知道来者不善，外国记者企图借此讽刺、讥笑中国的落后。周总理在了解了对方的意图之后，毫不让步，巧接话题，运用对方的话题，说了这番幽默风趣而又有分量的话。

运用这种技巧要根据具体场合，善于敏感地、准确地捕捉住眼前的事物进行发挥。善于辞令的人，一般都能够顺势接过别人的话题，能够巧妙地借助别人的某一话题，进行发挥，引出另一个听者未曾预料到的新思路，以表达自己要说的话。

闲谈时，要想把话说得漂亮，除了会听别人说话，善于分析，快速了解说话者的心意外，还善于顺着对方的意思巧妙地接上话茬，将话说到对方的心坎儿里去。

许多人在表达自己的意见时，如果听者十分热心，便会非常起劲而且更加投入。如果听者不耐烦，总是提出相反的意见，说话者的情绪便会受挫，并且丧失继续说下去的兴趣。

如果对方讲得正确，你应不持任何异议地赞成到底，使他心情愉快地讲完。例如，对方与其上司或同事意见不合，而坚持己见时，你就需要表示赞成："你的意见完全正确，合情合理，我如果站在你的立场上，想法也会和你完全一样的。"

如果听到他极端的或反道德的想法时，也不妨以"您说的不无道理"之类的话附和，先表示接受对方的意见。绝对不要提出"您的想法错了"或"我还有另一个办法"等反对的意见或忠告。

对任何意见都表示一致、赞同，对方便会认定自己所说的全是对的，而一直心情愉快地敞开心胸说话，无意中必定会泄露出你想听到的话。

注意倾听他人说话，不仅是对他人的尊敬，还可以更好地注意到他人的言谈神色，判断出他的心理活动，当你说话的时候就可以有的放矢，顺利地接过对方的话茬，使谈话轻松愉快地进行下去。正所谓"知己知彼，百战不殆"。

汉高祖刘邦建国的第五年，消灭了项羽，平定了天下，然后论功行赏。这个时候群臣却彼此争功，吵了一年都无法确定。刘邦认为萧何功劳最大，就封萧何为侯，并且封给了他最多的封地。但是部分大臣心中不服，议论纷纷。在封赏勉强确定之后，大家对席位的高低先后顺序又起了争议，大家都说："平阳侯曹参身受创伤七十余处，而且攻城略地，功劳最大，应当他排第一。"在封赏的时候已经委屈了一些功臣，多封了许多给萧何，所以在席位上刘邦难以再坚持，但他的心中还是很想将萧何排在首位的。

这时候关内侯鄂君已经揣摩出刘邦的心思，他机灵地挺身而出，上前说道："群臣的决议都错了！曹参虽然有攻城略地的功劳，但这只是一时之功。皇上与楚霸王对抗五年，常常丢掉部队领地四处躲避，而萧何却源源不断地从关中派兵填补战线上的漏洞。楚、汉在荣阳对抗了几年，军中每每缺粮，都是靠萧何转运粮食补给。再说皇上有好几次逃到山东，都是靠萧何保全关中，才能接济皇上，这才是最大的功勋啊。如今即使少了一百个曹参，对汉朝又有什么影响呢？我们汉朝也不必靠他来保全啊！为什么你们认为一时之功高过万世之功呢？我主张萧何第一，曹参其次。"刘邦听了，满心欢喜，高兴地宣布说："好，萧何排在第一，可以佩剑入朝，上朝时也不必急行。"

关内侯鄂君善于揣摩汉高祖刘邦的心意，巧妙地接过话茬，说出了令皇上高兴的话。既遂了皇上的愿，又为自己的仕途添加了砝码。最后，关内侯鄂君也因此获得了更多的封地，被改封为"安平侯"。

要提高说话的水平，就要努力学会掌握快速了解听者的方法，并在了解的基础上巧妙地接过对方的话题，促进话题的不断跟进，切入正题。只有善于接话的人才能轻松地与人交谈，不会出现一方唧唧喳喳地说个不停，另一方却不知该如何搭话的场面。

消除偏见，善意假话也有用武之地

"我从不说假话"，本身就是一句假话，世界上没有不说假话的人，假话说得好会产生比真话还好的效果……

为了人们许多合理的心愿暂时不被毁灭，善意的假话就开始发挥作用。

英国男士劳比一生耿直，憎恶在人际交往中有任何作假。为此，他在50年生命旅途中付出了沉重的代价，并终于有所醒悟。他痛苦地发现自己竟找不到一个可以倾心交谈的人，连妻子和儿女也已离他而去。劳比只能把自己的新想法写在日记里，讲给自己听。劳比这样说："我到现在才相信，人与人相处是没有绝对诚实的。有时候，假话和假象更能促进友情和爱情。"

劳比的经历是人类多少年来困惑的缩影。我们倡导人与人之间应该坦诚相待，但发现坦诚在许多时候会碰得头破血流。只是为了维护我们心目中一种虚幻的纯洁和躲避政治上的禁忌，我们才无法解释这种现象。劳比不是政治家，也不再需要幻想，所以他把人类长期以来羞于启齿的隐秘说了出来：很多时候，交际并不需要真实。

一位涉世未深的青年给朋友来信，倾诉和劳比一样的苦恼。他从小受到诚实的熏陶，可是走上社会不久，已经因为几句真话屡遭白眼了。他希望朋友能替他找出原因。因为这样的问题决不是一封信所能说清楚的，劳比为之付出了几十年的代价。朋友考虑再三，干脆只给了他回了两句话。信是这样写的："当我的父亲与我探讨家庭大计时，我决不会说假话；而当我的母亲因病重，将不久于人世时，我会对她说：'没关系，医生说你马上就会好的。'"这就是说真话和说假话的区别。

假话，在积累人脉资源的过程中几乎是不可缺少的。有些人宣布自己从来不说假话，这句话本身就一定是假话。当我们得到亲戚病重、朋友遭难消息时，我们就时常会说一些与实际情况不完全相符的假话。在这个意义上，世界上没有不说假话的人。许多假话在形式上与人际间真诚相处不相一致，但在本质上却吻合人的心理特征和社会特征。人都不希望被否定，人都希望猜测中的坏消息最终是假的。为了人们许多合理的心愿暂时不被毁灭，假话就开始发挥作用。

真正能说好假话并不比说真话容易，首先我们应消除对假话的偏见和犯罪感。这样，我们才能把假话说好。说假话有以下三条规则。

其一，真实。假话是无法真实时的一种真实。当我们无法表露自己的真实意图时，我们就选择一种含混不清的语言来表达真实。如一位女友穿着新买的时装，问我们是否漂亮时，而我们觉得实在难看，便开始模糊作假。回答说："还好。""还好"是一个什么概念，是不太好或是还可以？这就是假话中的真实。它区别于违心而发的奉承和谄媚。

其二，合情合理。合情合理是假话得以存在的重要前提，许多假话明显是与事实不符的。但因为它合乎情理，因而也同样能体现我们的善良、爱心和美好。生活中经常遇到这样的问题：妻子患了不治之症不久将要死去。丈夫为此极感颓丧。他应该让妻子知道病情吗？大多数专家认为：丈夫不应该把事情的真相告诉她，也不应该向他流露痛苦的表情，以增加她的负担，应该使妻子生命的最后时期尽可能减少痛苦。当一位丈夫忍受即将到来的永别的煎熬时而说假话，他那与实情不符的安慰反而会带给我们激动。因为在这假话里包含了无限艰难的克制。

其三，必须。是指许多假话非说不可。这种必须有时候是出于礼仪。例如，当我们应邀去参加庆祝活动前遇到不愉快的事情时，我们必须把悲伤和恼怒掩盖起来，带着笑意投入欢乐的场合。这种掩盖是为了礼仪需要，怎能加以指责？有时候我们说假话是为了摆脱令人不快的困境。例如，美国曾经就一项新法案征求意见，有关人员质问发布者罗斯："你赞成那条新法案吗？"罗斯说："我的朋友中，有的赞成，有的反对。"他们追问罗斯："我问的是你。"罗斯说："我赞成我的朋友们。"假话是保持善意的一种必要的交际策略。

当我们按照上述三条规则去说假话时，它同样会给我们带来魅力。只要我们心存善意，把假话仅作为交际的一种策略，这是美丽的慌言。它是在善意基础上交际的必要策略。这同丑恶的假话，同以不可告人的目的编造的假话相比，两者有着本质的不同。那种心术不正，诈骗、奸佞、诬陷的人迟早会搬起石头砸自己的脚。

第二章

见面三分礼：
60秒与人建立朋友式关系的技巧

礼貌之语，该说的一定不要省

日常生活中，有的人说话过于随便，不分场合地口若悬河说个不停，可对有些该说的话却惜语如金。就拿朋友交往来说，在一起时间长了，彼此之间常会互相帮忙，完事之后，一句礼貌的话适时递上："张哥，昨天那事你受累啦，咱哥俩儿这关系感谢的话我就不多说了。"

"大李，孩子这么大了，你还给他买玩具干吗？他喜欢得不得了，可以后你这当叔叔的也别太惯着他，哪天来我家尝尝你嫂子包的荠菜馅饺子。"这时候帮你忙的人感觉到自己的好意被你领受了，心里自也受用。

其实，朋友也好、亲戚也好，帮个忙、送点礼物是常有的事，人们做这些事的时候跟求人办事不同，并不是想从你这里得到些什么好处，甚至于因为关系铁会很乐意帮忙，他所要求的也并不是等额的回报。这时候，如果你总认为这是理所当然，没有一句表示的话，人家怎么知道自己的好意是不是已被你接受？要知道，再要好的关系，既然受了别人的施与，就要作出及时、明确的表示，当然，一句恰到好处的礼貌之语也就足够了。

陈溪大学毕业后在北京当公务员，妻子是北京人，结婚的时候他们曾到妻子的叔叔家做客，叔叔婶婶对这个一表人才的侄女婿很是欣赏。叔叔是一家国企的老总，两人坐到一起很谈得来，一来二去，夫妻俩岳父岳母家去得少，反倒叔叔家去得勤。

可是最近陈溪发现叔叔婶婶的态度有了很大变化，对他们越来越冷淡，有时候他们说要去看二老甚至遭到拒绝，两人百思不得其解。后来还是岳母替他们解开了这个谜，叔叔家经济条件较好，有别人送的好烟好酒以及单位里发的一些东西常让他们带回家。前段时间陈溪曾提到想调到一个更有前途的部门，也是叔叔通过关系帮他办成了。但是，就妻子这一边来说，可能觉得是自己的叔叔这么亲的关系，就陈溪这边来说，可能觉得这些对他们不过是举手之劳，因此，事前事后始终没说什么感谢话。婶婶有意无意地跟岳母提起，叔叔为此很是生气，说他们是白眼狼，不值得别人帮忙。两人一听连忙上门谢罪，才算挽回关系。

在这里，陈溪夫妻就是犯了不重视礼貌语的错误，想当然地认为自己心里的感激人家一定知道。所谓话不说不明，即使人家知道，天长日久，帮完了忙总也听不到你一句人情话，心里也会疙疙瘩瘩的。

鉴于此，我们在日常生活中就要刻意培养自己多说礼貌语的好习惯。

第一，使用日常生活中的见面语、感情语、致歉语、告别语、招呼语。早晨见面互问"早晨好"，平时见面互问"您好"。初次见面认识，主方可用"您好"、"很高兴和你认识"，被介绍的一方可用"请多帮助"、"请多指教"。分别时说"再见"、"请再来"、"欢迎您下次再来"。特定情况的告别可用"祝您晚安"、"祝您健康"、"祝您一路顺风"。

"实在过意不去。"有求于人说声"请"、"麻烦您"、"劳驾"、"请问"、"请帮助"。对方向您道谢或道歉时要说"别客气"、"不用谢"、"没什么"、"请不要放在心上"。

第二，养成对人用敬语、对己用谦语的习惯。一般称呼对方用"您"、"同志"，对长者用"大爷"、"大妈"、"先生"，不要用"喂"、"老家伙"、"老太婆"、"老头"等。

对少年儿童用"小朋友"、"小同志"、"小同学"，不要用"小家伙"、"小东西"等。

称呼别人的量词用"位——各位、诸位"，不要用"个"。对自己或自己一方的人可以用"个"。

第三，多用商量语气和祈求语气，少用命令语气的语词句或无主句。如"您请坐"、"希望您一定来"、"请打开窗户好吗"、"请××同学回答"、"请让开一些"。这样语词和气、文雅、谦逊，让人乐于接受。

第四，说话要考虑语言环境。即不同场合，不同情况，谈话人的不同身份，谈什么事情，需要用什么语词、语调和语气。因为同一个语词用不同的语调和语气在不同的场合、情况下会产生不同的效果。例如"对不起"这一个语词，因说话人的语调、语气不一样，可以是威胁、讽刺，也可以是表示歉意。又如商业工作者出于工作和礼貌需要，见矮胖型的女顾客应说"长得丰满"，见瘦长体型的女顾客应说"长得苗条"。其实"丰满"和"苗条"是"肥胖"和"瘦长"的婉转说法，但前者易为别人接受。同时，还要考虑不同的对象。在我国，人们相见习惯说"你吃饭了吗"、"你到哪里去"。有些国家不用这些话，甚至习惯上认为这样说不礼貌。因此见了外国人就不适宜问上述话语，可改用"早安"、"晚安"、"你好"、"身体好吗"、"最近如何"等。

第五，注意说话的空间和时间。谈话人的身份各异，如果是长者、上级、师辈，谈话的距离太近和太远都是失礼的。男女同志之间谈话，距离则不宜太近。说话的时间过长（使人疲倦厌烦）、中途停顿（意思表达一半就不说了），都是不礼貌的。

总之，要根据时间，地点，对方的身份（年龄、性别、职业等）以及和自己的关系，多说并恰当地选择礼貌用语。

增进了解，自我介绍的礼节常识

介绍是人际交往中与他人进行沟通、增进了解、建立联系的一种最基本、最常规的方式，是人与人进行相互沟通的出发点。根据社交礼仪的具体规范，进行自我介绍，应注意自我介绍的时机、自我介绍的内容、自我介绍的要求等方面的问题，才能使自我介绍恰到好处、不失分寸。

1. 自我介绍的时机

（1）因业务关系需要相互认识，进行接洽时可自我介绍。

（2）第一次登门造访，事先打电话约见，在电话里应自我介绍。

（3）参加大型聚会时，与不相识的与会者或同席的人互相自我介绍。

（4）在出差、旅行途中，与他人不期而遇，并且有必要与之建立临时接触时，可适当自我介绍。

（5）初次前往他人居所、办公室时，要自我介绍。

（6）应聘求职时应先作自我介绍。

（7）利用大众传媒，向社会公众进行自我推介、自我宣传时要先自我介绍。

（8）应试求学时向主考官进行自我介绍。

2. 自我介绍的类型

（1）工作式自我介绍。它又叫公务式的自我介绍，工作式的自我介绍，主要适用于工作中。它是以工作为自我介绍的中心。工作式的自我介绍的内容，应当包括本人姓名、供职的单位及其部门、担负的职务或从事的具体工作三项，缺一不可。其中，姓名应当一口气报出，不可有姓无名，或有名无姓。供职单位及其部门，最好全部报出，但具体工作部门有时也可以暂不报出。另外，有职务最好报出职务，职务较低或者无职务，把目前所从事的具体工作报出即可。

（2）交流式自我介绍。也叫社交式自我介绍或沟通式自我介绍。交流式的自我介绍主要是为了达到与交往对象进一步交流与沟通的目的，希望对方认识自己，并有可能与自己建立关系的自我介绍，主要适用于社交活动中。交流式的自我介绍的内容，应当包括自我介绍者的姓名、工作、籍贯、学历、兴趣以及与交往对象的某些社会关系等。但有些时候不一定非要面面俱到，而应依具体情况而定。

（3）应酬式自我介绍。应酬式的自我介绍，适用于各种公共场合和一般的社交场合。它的对象，主要是进行一般接触的交往对象。对自我介绍者来说，对方属于泛泛之交，或者早已熟悉。进行自我介绍的目的只不过是为了更明确身份而已，因此，这种自我介绍内容要短小精悍。应酬式的自我介绍的内容一般只包括姓名与供职单位。

（4）礼仪式自我介绍。礼仪式自我介绍，适用于报告、演出、仪式等一些正规而隆重的场合，它是一种表示对交往对象友好、敬意的自我介绍。礼仪式的自我介绍的内容包含姓名、单位、职务等，还应多加入一些适当的谦词、敬语，以表示自己真诚交往的态度。

（5）问答式自我介绍。问答式的自我介绍，讲究有问有答，一般适用于应试、应聘和公务交往。在普遍性交际应酬场合，也会出现此类方式的问答。

3. 自我介绍的要求

注意时间。进行自我介绍一定要力求简洁，尽可能地节省时间，所用时间越短越好，以半分钟左右为佳，如无特殊情况最好不要长于1分钟。为了节省时间，在作自我介绍时，还可利用名片、介绍信加以辅助。自我介绍应在适当的时间进行。进行自我介绍的适当时间指的是对方有兴趣、有空闲、情绪好、干扰少、有要求时。

实事求是。进行自我介绍时所表述的各项内容，一定要实事求是、真实可信。没有必要过分谦虚，一味贬低自己去讨好别人，但也不可自吹自擂、夸大其词，在自我介绍时掺水分，会得不偿失。

讲究态度。进行自我介绍，态度务必要自然、随和。应显得落落大方，不要矫揉造作。在作自我介绍时，要充满信心和勇气。千万不要因胆怯而临场发挥失常。在进行自我介绍时，一定要显得胸有成竹、不慌不忙。这样做，将有助于自我放松，并使对方对自己产生好感。在自我介绍的过程之中，语气要自然、语速要正常、语音要清晰，这对自我介绍的成功将大有好处。

要懂礼貌。在引发对方作自我介绍时应避免直话相问，这样显得很没有礼貌。因此，应尽量用敬词，表现出良好的个人素质。

他人介绍，扩大交际圈的捷径

在社交或商务场合，如能正确地利用介绍，不仅可以扩大自己的交际圈，广交朋友，而且有助于进行必要的自我展示，并且替自己在人际交往中消除误会，减少麻烦。介绍他人认识，是人际沟通的重要组成部分。良好的合作，可能就是从这一刻开始的。他人介绍，又称第三者介绍，它是经第三者为彼此不相识的双方引见介绍的一种介绍方式。在一般情况下，为他人介绍都是双向的，即第三者对被介绍的双方都作一番介绍。有些情况下，也可只将被介绍者中的一方向另一方介绍。但前提是前者已知道、了解后者的身份，而后者不了解前者。在他人介绍中，为他人作介绍的人一般有社交活动中的东道主、社交场合中的长者、家庭聚会中的女主人、公务交往活动中的公关人员等。

1. 他人介绍的时机

他人介绍的时机包括：在家中，接待彼此不相识的客人；在办公地点，接待彼此不相识的来访者；与家人外出，路遇家人不认识的同事或朋友；陪同亲友，前去拜会亲友不相识者；本人的接待对象是不相识的人士，而对方又跟自己打了招呼；陪同上司、长者、来宾时，遇见了其不相识者，而对方又跟他们打了招呼；打算推荐某人加入某一社交圈；受到为他人作介绍的邀请。

2. 他人介绍的顺序

（1）介绍长辈与晚辈认识时，先将晚辈介绍给长辈。

（2）介绍年长者与年轻者认识时，先将年轻者介绍给年长者。

（3）介绍老师与学生认识时，先将学生介绍给老师。

（4）介绍已婚者与未婚者认识时，应先将未婚者介绍给已婚者。

（5）介绍女士与男士认识时，应先将男士介绍给女士。

（6）介绍同事、朋友与家人认识时，应先将家人介绍给同事、朋友。

（7）介绍社交场合的先至者与后来者认识时，应先将后来者介绍给先至者。

（8）介绍来宾与主人认识时，应先将主人介绍给来宾。

（9）在公务场合，要先将职位低的介绍给职位高的。

（10）在向别人介绍自己的家庭成员时，应该谦虚地说出对方的名字，这不仅是出于礼貌，而且介绍自己的家庭成员也比较方便。

3. 他人介绍的类型

（1）标准式。内容以双方的姓名、单位、职务等为主，适用于正式场合。

（2）简介式。其内容往往只有双方姓名一项，甚至可以只提到双方姓氏为止。接下来，则要由被介绍者见机行事。适用一般的社交场合。

（3）引见式。作这种介绍时，介绍者所要做的是将被介绍者双方引导到一起，而不需要表达任何具有实质性的内容。适用于普通的社交场合。

（4）强调式。其内容除被介绍者的姓名外，往往还会刻意强调一下其中某位被介绍者与介绍者之间的特殊关系，以便引起另一位被介绍者的重视。适用于各种交际场合。

（5）礼仪式。这是一种最为正规的他人介绍。其内容略同于标准式，但语气、表达、称呼上都更为礼貌，适用于正式场合。

（6）推荐式。多是介绍者有备而来，有意要将某人举荐给某人，因此在内容方面，通常会对前者的优点加以重点介绍。适用于比较正规的场合。

另外需要注意的是，在进行他人介绍时，介绍者与被介绍者都要注意自己的表达、态度与反应。介绍时的细节包括：介绍者为被介绍者作介绍之前，要先征求双方被介绍者的意见；当被介绍者在介绍者询问自己是否愿意认识某人时，一般不应加以拒绝或扭扭捏捏，应欣然表示接受。如果实在不愿意，应向介绍者说明缘由，取得谅解；当介绍者走上前来为被介绍者进行介绍时，被介绍者双方均应起身站立，面带微笑，并恭敬地目视介绍者或者对方；当介绍者介绍完毕，被介绍者双方应依照合乎礼仪的顺序进行握手，并且彼此使用友好的语句问候对方。不要在此时此刻有意拿腔拿调、硬端架子，显得瞧不起对方。

迎来送往，待客与做客的礼节之道

在日常生活中，出于人际交往的需要，我们经常会被热情的朋友邀请去做客，也经常会邀请一些朋友来自己家做客，因此，为了得体、礼貌地请客与应酬，必须了解有关方面的礼仪知识，这样才能达到宾主之间顺畅沟通的目的。

1. 待客礼仪

（1）准备。当知道有客人来访时，应提前做好准备。主人的服饰要整洁，家庭布置要干净美观，孩子要妥善安排教育，水果、点心、饮料、烟酒、菜肴等要提前备好。如果是正式宴请，如婚礼、祝寿宴等，还要预先送请柬或电话邀请，确定宴请时间、场所，排好座次遴选客人，落实宴请形式、规模、档次。

（2）迎接。客人在约定时间到达，应提前去门口迎接，不应在房中静候，最好夫妇一同前往，女主人在前。如果有客人突然临门，要热情相待。如果室内未清理，应致歉并适当收拾，但不应立即打扫，因为打扫有逐客之意。

（3）问候寒暄。见到客人，应热情招呼，女主人应主动伸手相握。如果客人手提重物，应主动帮忙，对长者或体弱者可上前搀扶，进入室内应把最佳位置让给客人，如果客人是初次来访，应向其他家人或客人作介绍。主人的表情要面带微笑，步履轻松，不能有疲惫心烦之感。

（4）敬烟、茶招待。一般情况下，来客如果是男士，一落座马上敬烟，敬烟忌用手直接取烟，应打开烟盒弹出几支递到客人面前请客人自取，敬烟不能忘了敬火，如果主人也会吸，应先客后主。

冲泡茶时首先要清洁茶具，多杯茶时应一字排开来回冲，每杯茶应倒三分之二为宜，"浅茶满酒"，敬茶应双手捧上放在客人的右首上方，尊长者先敬。

（5）陪客交谈。客人坐下，奉敬烟茶糖果之后，应及时与之交谈，话题内容可因实际而定。一般来说应谈一些客人熟悉的事情，若无法奉陪客人交谈，可安排身份相当者代陪或提供报纸杂志、打开电视供客人消遣，千万不能出现主人只管自己忙，把客人晾在一旁的现象。

（6）宴请。家庭常见请客有正式宴会、便宴、家宴三种，前两种一般选酒店餐厅举行，后者一般由女主人亲自下厨料理，家人共同招待，规模较小，自然、随便。宴请宾客还得安排座次，一般以向门一面为主宾席，主人背门而坐。

上菜应左首上右首下，上菜顺序一般为：冷盘——主菜——热菜——大菜——甜菜——点心——汤，上菜时机选择恰当，防止空盘堆积过多；上最后一道菜应暗示酒宴已近尾声；上菜按我国传统习惯，应"鸡不献头，鸭不献尾，鱼不献脊"，即不应把鸡头、鸭尾、鱼脊朝向主宾；每上一道菜，主人可适当介绍，并邀主宾先动手品尝或给客人分菜。

（7）送客。当客人散席或准备告辞时，主人应婉言相留。客人要走，应等其起身后，主人再起身相送，家人也应微笑起立，亲切告别。如果客人来时带有礼物的，应再次提及对礼物的感谢或回赠礼物，并不忘提醒客人是否有东西遗忘，或有什么事需要帮忙。送客宜送到大门口或街巷口，切忌跨在门槛上向客人告别或客人前脚走就"啪"地关门。如果是初次来客应主动指路或安排车辆接送，远方来客则应送至火车站、机场或码头，并说祝愿话或发出再来的邀请。

（8）招待小住宾客。有时客人来访可能要小住几天，这更应注意如何使客人高兴而来、满意而归，要做好物质准备，了解客人情况，陪同游览购物，并注意客人小住期间的家庭小节，尤其不能当着客人面谈论近期家庭开支等经济上的问题。

2. 做客礼仪

（1）预约或赴约。到别人家做客，一种是自己主动前往，一种是受别人邀请。若是前者应事先打电话或写书信约好时间，以防突然造访给别人带来麻烦；后者无论答应还是拒绝，都应及时告知对方，切忌答应某一邀请后，又因参加别的约会而失约。

（2）服饰仪表。首先要整洁大方，中式赴宴无明确规定，西式赴宴，请柬中往往写明"请穿礼服"，一般喜庆时应穿华丽一些，丧祭时以黑色或素色为宜，并带好手帕、面巾、香烟、打火机等物品。

（3）礼品。根据宴会不同要准备不同礼品，如生日寿诞、结婚喜庆可送耐用、易保留的礼品，探病丧礼则宜选一次性的礼品。

（4）到达的礼仪。首先应准时到达或稍稍提早，到达主人门前时，要先擦净脚上泥巴，按门铃切忌重手重脚或时间过长；进门后要将大衣、雨具交给主人安置，并向主人问候、寒暄，还要向在场的主人家属和其他客人打招呼，待主人安排或指定座位后再坐下；主人端茶敬烟要起身道谢，双手迎接，点烟时必须站起来，身体前倾并致敬意，果皮、果核、烟灰、烟蒂不应乱丢乱弹乱扔。

（5）进入餐厅。第一件不应忘记的事情是打招呼，尤其要与女主人打招呼，并对主人的宴请说一些赞颂的话，为主人创造融洽、热烈的气氛；入席时要按既定次序入座，不可贸然坐下；坐在餐桌前要注意体态礼仪，主人祝酒时要专注地听，主人敬酒时要起立回敬，即使不会饮酒也应沾沾嘴唇以示尊敬，待主人招呼后才动筷夹菜；进餐中要注意饮食礼仪，席间谈笑应多谈些愉快、轻松的话题，要尽量避免中途离席，确实无奈应向主人表明歉意方可离去。

（6）退席告辞。作为客人，口头提出告别后应立即起身辞别，走之前不要忘记对主人的热情招待表示感谢，尤其要向女主人道别。当主人送你走到门口将分手时，应主动与主人握手道别，并说"留步"、"请回"、"再见"之类的客套话。

（7）客居小住。有时要在亲朋好友家中小聚几天，由于自己的到来已给主人增添了许多麻烦，更应注意有关礼仪。首先要了解主人的生活习惯，尽量遵从主人的习惯，自己住的房间要自己打扫；其次主人陪你观光购物时，时间尽量选择主人的节假日，费用尽量自己支付；在小住期间，未经主人准许不要进入主人书房或卧房，也不能随意翻检书刊、信札等物品，话题应避免涉及主人隐私或钱财的内容；最后，客居期间应为主人家做一些力所能及的事。

问候寒暄，见面第一句话至关重要

初次见面的第一句话，是留给对方的第一印象。说好说坏，关系重大。说第一句话的原则是：亲热、贴心、消除陌生感。常见的有这么三种方式：

1. 攀认式

赤壁之战中，鲁肃见诸葛亮的第一句话是："我，子瑜友也。"子瑜，就是诸葛亮的哥哥诸葛瑾，他是鲁肃的挚友。短短的一句话就定下了鲁肃跟诸葛亮之间的交情。其实，任何两个人，只要彼此留意，就不难发现双方有着这样或那样的"亲"、"友"关系。

例如："你是××学毕业生，我曾在××进修过两年。说起来，我们还是校友呢！"

"您是体育界老前辈了，我爱人可是个体育迷。你我真是'近亲'啊！"

"您来自苏州，我出生在无锡，两地近在咫尺，今天得遇同乡，令人欣慰。"

2. 敬慕式

对初次见面者表示敬重、仰慕，这是热情有礼的表现。用这种方式必须注意：要掌握分寸，恰到好处，不能胡乱吹捧，不说"久闻大名，如雷贯耳"之类的过头话。表示敬慕的内容也应该因时因地而异。

例如，"您的大作《教你能说会道》我读过多遍，受益匪浅。想不到今天竟能在这里一睹作者风采。""桂林山水甲天下。我很高兴能在这里见到您这位著名的山水画家。"

3. 问候式

"您好"是向对方问候致意的常用语。如能因对象、时间的不同而使用不同的问候语，则效果更好。对德高望重的长者，宜说"您老人家好"，以示敬意；对年龄跟自己相仿者，称"老×（姓），您好"，显得亲切；对方是医生、教师，说"李医师，您好"、"王老师，您好"，有尊重意味。节日期间，说"节日好"、"新年好"，给人以祝贺节日之感；早晨说"您早"、"早上好"则比"您好"更得体。

主动询问，增加相互了解的机会

在社交场合中，你可能会结识些不平凡的人，也说不定有些人会成为你的知音。或是遇到些有成就的人，能给予你宝贵的知识协助。如果你仅是敷衍了事，既是失礼的表现，也可能失去一个大好机会。因此，我们应该用更礼貌的方式来应付这一种场面。

倘若听不清楚对方的姓氏，我们赞成坦率地再问一次，无论是问介绍的人或被介绍的对方，均无不可。坦率地承认，听不清楚而再度请问绝不是一件可笑的事，如果永远把疑团闷在肚子里，不仅会影响以后谈话时的气氛，并且也难获得友谊。

名字是每一个人自己所最注重的最宠爱的记号。和一个人谈话，你能直呼他"某先生"，是会使对方感觉愉快的，尤其对于初次见面的人。他将会因你留心他的名字并适当地使用而对你的印象特别深刻。并且，牢记一个完全熟识的名字，对于你的将来也许有所帮助。

当再问清楚了对方的名字后，同时最好再作一次自我的介绍，因为对方也许像你一样，听不清楚你的名字。如果你想熟知对方的名字，那么详细地问及怎样写法也未尝不可，要是你觉得需要的话，也不算鲁莽的行为，对方绝不会怪你的。

以上是简述了一般介绍的问题，但你也许会问："如果没人介绍呢？"

这是一个很好的问题。照中国规矩，本来就没有第三者作介绍的习惯，在朋友家中相遇，照例一见面就应该打招呼，互通姓名。这是一个简捷明快的方法，可谓高明之至。常常在聚会里，因为主人忙碌或一时大意，未作介绍，即使面面相对也不交一言，俨如英国人的古怪脾气，与未经介绍的人交谈仿佛有失自己的尊严似的。这种观念实在大可不必。

在这种场合中，可以援用中国老方法直接请问姓名，也通报自己的姓氏，如果主人在旁边，那么为尊重主人起见，最好率直地请求主人介绍。有时候，你明知道对方的姓名，而又没人把你介绍给他，那么不妨向前和他握手招呼，同时说出自己的姓名，主动作自我介绍。

总之，在社交场合中，坦率、诚实和热情是最需要的条件，与其畏畏缩缩地陷入尴尬的局面，不如索性大方一点。这种人常常是最受人欢迎的，因为他们易于使人亲近。

电波传情，不可不知电话沟通礼仪

现代社会，电话不仅仅是一种传递信息、获取信息、保持联络的通信工具，而且是单位或个人形象的载体。在人际交往中，普普通通的接打电话，实际上是在为通话者所在的单位、为通话者本人绘制一幅深刻的电话形象。假如不注意在使用电话的过程中讲究礼貌，失敬于人，无形之中将会使自己的人际关系受到损害。因此，懂得使用电话的礼仪是十分必要的。

1. 拨打电话的基本礼仪

（1）注意打电话的时间

当需要给别人打电话时，有关工作的电话最好在上班时打。不要轻易更改双方约定的通话时间。要想使通话效果好一些，使之不至于受到对方繁忙或疲劳的影响，则通话不应该选在周末，而且尽量不要在对方用餐、睡觉、过节、度周末的时候打。与人通电话时，须顾及对方在作息时间上的特点。打电话到国外，还应考虑到时差。

（2）如何准备打电话的内容

打电话的人务必要有一个明确的指导思想，特别是在商界，除非万不得已，每次打电话的时间不应超过三分钟。因此，商界人士在打电话之前，为节省时间，一定要条理清晰地预备好提纲。然后，应根据腹稿或文字稿来直截了当地通话。若拨通电话时对方正忙，则不应强人所难。可以约一个时间，过一会儿再打。此外，与不熟悉的单位或个人联络，应当把对方的名字与电话号码弄明白，免得因为弄错而浪费时间。私人电话的通话时间则应视具体事情和自己与通话对方的交流程度而定。

（3）打电话的恰当方式

打电话时，每个人开口所讲的第一句话，都事关自己给对方的第一印象，所以应当慎之又慎，不能毫无礼貌地随便开口。正式的商务交往中，要求礼貌用语与双方的单位、职衔一同说出。在使用礼貌性问候语以后，应同时准确地报出双方完整的姓名。不要还不知道对方是谁，一上来就跟人家拉近关系，这样可能会让接电话的人一头雾水。

如果电话是由总机接转，或对方的秘书代接的，在对方礼节性问候之后，应当用礼貌用语应对，不要对对方粗声大气，出口无忌，或是随随便便将对方呼来唤去。得知要找的人不在，可请代接电话者帮助叫一下，也可以过后再打。在通话时，若电话中途中断，按礼节应由打电话者再拨一次。拨通以后，须稍作解释，以免对方生疑，以为是打电话者不高兴而挂断的。一旦自己拨错了电话，切记要向被打扰的对方道歉。

（4）不打没有意义的电话

当遇到某些特殊情况时，如需要通报信息、祝贺问候、联系约会、表示感谢的时候，有必要利用一下电话。但毫无意义、毫无内容的电话，最好不要浪费时间去打。如果想打电话聊天，也要尊重对方的意愿，先征询对方同意，然后选择适当的时间。切忌在单位打私人电话，或在公用电话亭肆无忌惮地打电话，毫不顾及其他等候打电话的人的感受，这是极不自觉的表现。

2. 接听电话基本礼仪

（1）接听及时

电话铃一旦响起，应当尽快去接，不要让对方等得太久，因为等待中的人特别容易变得焦急。如果因各种原因不能及时去接，就应在拿起话筒后先表示你的歉意并适当解释一下。

如果是单位的工作电话，应在铃声响两下之前去接，否则会让人怀疑你单位的工作效率，并进一步影响单位的形象。如果是在家里接电话，尽管没有必要像在单位里那样及时，但尽快去接是对对方的尊重。如果是在电话铃响了五下以上才去接的，也应向对方表示歉意。向对方解释一下延误接电话的原因是非常必要的。

（2）应对得当

在工作场所接电话，当你拿起电话后，首先应问候对方，然后自报家门；或是先自报家门再问候对方。这样做一是出于礼貌，二是说明有人正在认真接听，三是万一打错电话就可以少费很多口舌。因为在工作场合，效率总是被首先考虑的事，规范的电话应对体现的不仅是对对方的尊重，还是本单位高效率和严格管理的体现。

在私人寓所接听电话时，为了自我保护，可按照国外做法以电话号码作为自报家门的内容，也可以只报姓氏，不必留名，或者干脆不介绍自己。拿起电话后的问候语应当礼貌，切不可拿起话筒，毫无礼貌地直接问答。

（3）通话时的姿态

在通话时，即使有急事，也要聚精会神地接听电话，不能三心二意或是把电话搁置一旁。接电话时，态度应当殷勤、谦恭。虽然表面上看，接电话时的态度与表情对方是看不到的，但在实际上对于这一切对方其实完全可以在通话过程中感受到。在办公室里接电话，尤其是外来的客人在场时，最好是走近电话，双手捧起话筒，以站立的姿势，面含微笑地与对方友好通话；不要坐着不动，一把把电话拽过来，抱在怀里，夹在脖子上通话。不要拉着电话线，走来走去地通话；也不要坐在桌角、趴在沙发上或是把双腿高抬到桌面上，大模大样地与对方通话。

（4）态度良好

打电话时态度要认真，这是对对方的尊重。尽管对方看不见你打电话时的姿态和表情，但你的声音会把你此时此刻的姿态、表情、心境在不知不觉中传递给对方，从而让对方感受到你此刻对他的态度。因此，最好从拿起电话筒就开始注意自己的言行举止，直至结束通话。打电话前应保持平静的心境。在与对方电话交谈时，不应穿插与他人的谈话。另外，还要注意避免一边与朋友说笑，一边拿起话筒接电话；也不要在结束电话交谈至挂机前的间隙里急于与旁人讲话，更不要谈及与对方无关的话题。如果万不得已，有急事要处理，应向对方说明。

（5）通话时语音语调要适合

由于双方处于互相看不见的两地，人们往往通过对方的声音来揣摩对方的情绪、心境甚至长相，并形成关于对方的电话形象。因此，电话交谈时，使用合适的语音语调非常重要。电话交谈时，语调应尽量柔和，以此来表达自己的友善，生硬的语调容易让人觉得不大友好。吐字应当准确，句子应当简短，语速应当适中，语气应当亲切、和谐、自然。

（6）认真倾听，及时记录

电话交谈时，双方都要集中精神仔细倾听对方的讲话，为了表示自己在专心倾听并理解了对方的意思，需要用一些简单的字作礼貌的反馈。办公室的业务电话通常需要做记录。记录的内容包括五个方面，来电人的姓名、单位、来电时间、主要内容以及联络方式。如果有重要的内容也需及时做记录。

3. 中止通话的礼仪

正常结束通话的礼仪：结束通话时，要礼貌地道别，别忘了向对方道一声"再见"或是"晚安"。而且要等对方先放下电话，而不要先把电话挂掉。按照惯例，电话应由拨电话者先挂断。挂断电话时，应当双手轻放，不要重重地放下。否则让人感觉很不礼貌。

中止通话的礼仪。在通话时，接电话的一方不宜率先提出中止通话的要求。万一自己有特殊情况不宜长谈，或另有其他电话挂进来，需要中止通话时，应说明原因，并告之对方回复电话的时间，免得让对方觉得不受尊重。如遇上不识相的人打起电话没完没了，应当说得委婉、含蓄，不要让对方难堪。

4. 代接电话的礼仪

（1）代接电话时要注意态度

代接电话时应该注意礼节。因为，打电话的人看不见发生了什么事，要向他作充分解释，而不能简单地应对。能亲自接的电话，就不要麻烦别人。尤其是不要让自己的孩子代替自己接电话。

（2）录音电话的礼仪

商务往来比较多的人，可请秘书代为处理电话，也可在本人不在时使用录音电话。不过本人在场时，一般是不适合使用录音电话的。万一需要用录音装置时，则必须使自己预留的录音听起来友好、谦恭。

（3）尊重隐私

在代接电话时千万不要热心过度，向发话人询问对方与其所找之人的关系。当发话人有求于己，希望转达某事给某人时，要严守口风，切勿随意扩散。当发话人所找的人就在附近时，不要大喊大叫，闹得众人皆知。当别人通话时，要根据实际情况，做自己的事情，千万不要故意旁听，更不能没事找事，主动插嘴。

（4）传达及时

若发话人所找之人就在附近，应该立即去找，不要拖延时间。若答应发话人代为传话，则应尽快落实。不到万不得已时，不要把代人转达的内容，再托第二人代为转告。否则，可能使转达内容变样，或耽误时间。

谦虚诚恳，办公室语言沟通礼仪

语言是彼此沟通的桥梁，是表情达意最好的方式，在交际中起着不可忽视的作用。办公室是人与人交往最频繁的地方，同事之间的相处更是靠语言来沟通，因此，掌握办公室语言的礼仪非常重要。其中，高雅的语言、尊敬用语、谦虚用语是办公室内必不可少的礼仪性语言，掌握了它们不仅可以增强个人魅力，在职场中广结人缘，还可以获得更多的朋友。

在办公室内讲高雅的语言是十分必要的。它能消除彼此之间的隔阂，增进彼此之间的感情。但所谓讲话要高雅，并不是要求人们咬文嚼字，而是要人们懂得文明用语，倘若在与同事交往过程中，讲话粗俗、脏话连篇，一定会遭到他人耻笑，不仅会认为你不懂得礼仪规范，没有涵养，甚至还会怀疑你的工作能力，对自身的发展是没有好处的。

也许有些人会认为，同事间使用高雅的语言会显得生疏，天天在一起工作，朝夕相处，没有必要顾虑这些小节。这种想法就大错特错了，同事之间存在着利益冲突，友谊并不像朋友间的友谊那样简单、纯洁。何况，就算是朋友间也会注意一些细节问题，更不用说是同事之间了。

敬语，也就是恭敬、礼貌性言语。它是社交场合不可缺少的沟通方式。敬语一般使用在比较正规的社交场合或公共场所。与长辈或身份、地位比自己高的人交谈时需要使用敬语。与陌生人打交道或与不太熟识的人相处要使用敬语。同事间使用敬语也非常重要，它不仅可以表现出你的文化修养，还可以体现出你对对方的尊重。

谦语与敬语一样，也是一种礼貌性语言，而谦语大多是自称，如"愚"、"家严"等。在日常生活中这种称呼虽然不多，但是这是社交过程中不可或缺的一部分。在办公室内虽然没有必要这般谦卑，但适当地使用一些谦语会提升你的形象，给同事留下一个谦虚、诚恳的印象，从而赢得办公室的好人缘。

用餐礼节，宴请时的语言艺术

从古至今就流传着这样一句话，即"酒逢知己千杯少"，这在宴会上是必不可少的。

酒是感情的润滑剂，在宴会上借助美酒良言可以促进彼此之间的感情，觥筹交错，心灵相碰，一时深厚的情谊随酒飘香。酒也是一种感情的代言，无论在生日宴会上，还是婚宴上，酒都必不可少。

在宴会上喝酒时，怎样才能喝得高兴，"喝"出名堂来。

第一，众欢同乐，切忌私语。

当你参加同学或朋友的婚宴或生日宴会时，你也许会遇到不认识的人，这样在一个饭桌上吃饭喝酒时，你就要注意自己与大家的交谈话题，要尽量选择大部分人感兴趣的话题进行交谈，话题的选择可以根据宴会的主题来确定，或者根据大部分人的职业来选择，使大家都有交谈的余地，不要只是和自己的好友窃窃私语，也许你只是因为不认识其他人而只能选择与好友交谈，但这种窃窃私语会给人造成一种"小团体"

的假象，让人觉得"就你俩好"，使这个宴会显得单调而平静。

小张曾和朋友去参加了一次朋友的好友的生日宴会，去了之后大部分人对于小张来说，都是陌生人，而朋友这时却只顾和别人喝酒，他被冷落在了一旁，朋友似乎并没有觉察到这种情况，还是喝得特高兴，此时，同去的一个朋友见状说话了："小张，来来来，和大家一起，我们用纸牌来决定谁喝，好不好？"于是，他开始发牌，大家都融入了这个游戏中。

第二，话语得当，诙谐幽默。

酒桌上可以显示出一个人的才华、学识修养和交际风度，有时一句诙谐幽默的话语，会给别人留下很深的印象，使人无形中对你产生好感。所以，应该知道什么时候该说什么话，语言得当，并巧妙地运用你的诙谐幽默。这很关键。

在婚宴或生日宴会上，整个宴会的格调是快乐的，所以当你参加这类宴会时不妨发挥一下你的幽默感。一句合适的幽默语言，展示了你的智慧，也展示了你的才华，同时，也可以融洽大家之间的关系，使整个宴会气氛更加欢快。

第三，劝酒有度，切莫强求。

在酒桌上往往会遇到劝酒的现象，有的人总喜欢把酒场当战场，想方设法让别人多喝几杯，认为不喝定量就是不实在。

"以酒论英雄"，对酒量大的人还可以，酒量小的可就犯难了，有时过分地劝酒，反而会伤害朋友间的感情。

当劝酒时，语言要适度，如果朋友真的酒量不大或者朋友真的不愿意喝酒，就适可而止，尊重朋友的选择。

曾经听说这样一个故事：一男孩去参加朋友的生日宴会，去了之后喝酒是必不可少的，但是他最近身体一直不好，去了之后好多朋友聚在一起劝他喝酒，他一再解释自己不能喝酒，可是朋友不相信，因为他平时酒量还可以，在朋友的压力下，他不好意思不给朋友面子，于是勉强喝了，在回家的路上，因为喝酒过多，他心脏病突发抢救无效永远地离开了大家。

所以，大家在参加聚会或举办聚会进行劝酒时，一定要注意把握好度，只有这样才能既不冷场，也不伤害朋友。

第四，敬酒有序，主次分明。

敬酒也是一门学问。一般情况下敬酒应以年龄大小、职位高低、宾主身份为序，敬酒前一定要充分考虑好敬酒的顺序，分清主次。即使与不熟悉的人在一起喝酒，也要先打听一下身份或留意别人对他的称呼，做到心中有数，避免出现尴尬的局面或伤了感情。敬酒时一定要把握好敬酒的顺序。有求于席上的某位客人，对他自然要倍加恭敬，但是要注意：如果在场有更高身份或年长的客人，则不应只对能帮你忙的人毕恭毕敬，也要先给尊者、长者敬酒，不然会使大家都很难为情。

第五，锋芒渐露，稳坐泰山。

酒席宴上要看场合，正确估计自己的实力，不要太冲动，尽量保留一些酒力并注意说话的分寸，既不能让别人小看自己，又不要过分地表露自身，选择合适的机会逐渐露出自己的锋芒，才能稳坐泰山，不致让别人产生"就这点能力"的想法，从而使大家不敢低估你的实力。

第六，避实就虚，巧转矛头。

酒桌上应该记住借酒传情，以情为重，摆布好酒桌上的各种关系，巧妙地抵挡各方面的"袭击"，既不影响喝酒的效果，又可以发挥你的交际才能，这才是最关键的。

小王邀请同学参加同学聚会，酒桌上服务员端来了红焖鲤鱼，鱼头正好对着小王，小王知道鱼头对谁就得多喝一杯，可小王又深知自己不胜酒力，便暗暗地想出了对付的招法。

当有人提出喝鱼头酒时，小王马上说道："今天同学聚会，为了重温我们当年的友谊之情，这个鱼头应该对着我们的老班长，只有他喝这杯酒，才可以体现出从前的我们和现在的我们同样尊敬老班长！"

一番话得到了大家的一致赞同，老班长也高兴地喝下了这杯酒。小王的矛头转得巧妙而恰到好处，使同学们的友情更加深厚了。

酒不在多，情到则浓；话不在多，点到则通。借酒交友，是难得的好机会，相信你在酒桌上可以驾驭各种场面，结交更多的朋友。

在宴会上，要注意说话的分寸，只有言语到位，只有场面话说得给力，才能使宴会达到预期的效果，也才能融洽大家之间的关系。

第三章

打开他人心窗最和谐高效的沟通方式

把握人性，养成赞美他人的习惯

喜欢听赞美的话是人的天性，虚荣心是人性的弱点。当你听到对方的赞扬时，心中会产生一种莫大的优越感和满足感，自然也就会高高兴兴地听从对方的建议。

相信你也到私人商摊处买过衣服，在你试衣时，卖主肯定就来话了：

"啊！真漂亮！你穿起来非常合身，朴素、大方、风度。你比以前年轻了几岁。"

本来你是不想买那件衣服的，却买回来了。

第二天，你神气起来，可是穿了不到两小时，某条缝隙断了，裂开了一个大洞。此时，你才骂他是个"骗子"。

生活中，吹你捧你然后趁你晕乎乎之机，大掏你腰包或大占你便宜的事随处可见。

有自大狂倾向的人虚荣心最重，往往他们不论在任何时间、任何地点，都喜欢别人对他做阿谀式的颂扬。

许多有为的人便是如此。如石油大王洛克菲勒和钢铁大王卡内基，他们喜欢别人恭维自己。

有一位著名作家恺雷曾经报道过：

"倘使有人称赞他的家庭经济，这位石油大王常会乐不可支，同时，他又喜欢听别人说他对慈善事业和办理学校是如何的热心，当他听到这类话时，他会马上非常兴奋；有一次，我赞美他向学校里一群小孩子所发表的谈话，他立刻感到高兴极了。"

恺雷又说："钢铁大王卡内基或洛克菲勒只要你赞美他某一次的演说词是怎样的有益和怎样的动人，就很容易引他回答平时不愿回答的问题。"

他又说："如对着卡内基或洛克菲勒赞美他们的商业领袖才能，是绝不会使他们发生兴趣的，这些在他们听来反而会觉得你没有诚意。然而'家庭经济'和'公开演说'却是他们癖爱的虚荣点。"

如此大名鼎鼎的人物可以说是见多识广之人，一般要请他作演讲或出席一次会议，简直八抬大轿都无法请来，但一席不要钱的赞美即能顺利地解决问题。赞美的力量可见一斑。

要想早日出人头地，首先就要澄清自我的主观意识，尽快地养成随时都能赞美别人的习惯。俗话说"习惯是人的第二天性"、"习惯成自然"、"习惯成性"，当赞美别人已经变成你的习惯时，你的成功也就指日可待了。到那时，曾在背后对你指指点点，甚至批评你的人，都将对你刮目相看了。

一句善言，改变他人一生的命运

每个人都会认为自己很重要，自己做的事大多数是正确的。在他看来，世界上唯一重要的就是他自己。当然，在这里不是宣扬"人人都自私"的观点。每个人身上都有对自己的满足感，还有重要感、成熟感。光是他们自己感到了还不满足，还需要外界对他们的认同，在这种认同中他们感到社会已注意到他们的存在，心里在想：我还是蛮重要的，瞧这件事我办得多好。

一些话语比如"你行的，你一定行"、"你是天才，你是个天分很高的人"、"你是个很好的姑娘"，诸如此类的暗示性的语言能使人在举棋不定的时候重新获得勇气。

一位美国心理学家做过这样一个实验。他在某一所中学找到一个班，他向班主任说明了这个实验会让他看到一个奇迹，因为他在许多学校、许多人中间做过此类实验，结果很成功。

他在暗中观察了很长时间，发现班上有一个相貌平平、毫不起眼的姑娘，于是他找了个机会，把全班（除了那位女生）召集到了一块儿，向他们说了他的打算。这位心理学家告诉学生们，从今以后，所有的学生都要把那位未到场的女生当做全班最漂亮、最迷人、最美丽的姑娘。3个月后，将会有奇迹出现。

于是，从那天起，学生们对那位姑娘的态度变了，再也不是以前冷冰冰的态度了。

刚开始那位女生受宠若惊，她惊奇地看着男生把别的相貌较好的女生撇在一边不理，而向她大献殷勤，而女生们也带着钦羡的目光向她这边张望，老师们上课时对她的态度也变了，每次提问时，总是叫她的名字，当她答对了的时候，便会得到夸奖。那位姑娘就像坠入梦境一样，她不明白这些天来自己怎么会由一个灰姑娘一下子就变成了众人心目中的白雪公主。

一个星期过去了，人们仍像众星捧月一样对待她。于是她就开始注意自己的形象了，她的眉头舒展了，她的胸脯挺起来了，由于笑声经常陪伴着她，她的心情也渐渐地开朗、愉快了起来，经常与朋友们在一起尽情地玩乐。

两个月过去了，全班同学都惊奇地发现她与以前大不相同了。虽然容貌上不能算是美丽绝伦但也楚楚动人，而且微笑常常挂在嘴边，有的同学还说那笑像明星的微笑。后来，班上选班长，大家一致投票选那位姑娘，也许开始实验时，大家是在逢场作戏，可是到了后来，人们对她的肯定都是真心实意的了。

任何一个人成功的道路都不是平坦的，对那些从小就经历苦难的人更是如此。尤其是在他们最困难的时候，在他们感到前途渺茫看不到出路的时候，他们需要的不是同情的眼泪，也不是深切的惋惜，往往一句赞赏或鼓励的话语就会让他们树立起信心，去克服困难，迎接挑战。

夸奖有道，最有效的交际沟通手段

当你对他人用又急又大的声音说话时，你所表现出来的是狂暴与紧张。虽然你的本意可能并非如此，但你身边的人会立刻感受到压力与激动，他们会下意识地反应过度或发起脾气来，当你把大量的怒气和无礼的言辞传入对方的耳朵中时，对方肯定会恼怒、生气。

"除了批评别人外，更多的是要懂得夸奖别人。"这是卡耐基经常挂在嘴边的一句话。作为一种口才艺术，夸人也是交际沟通的一种手段，而且是一种非常有效的手段。

"你这篇文章写得很精彩，读了以后给人一种奋发向上的感觉。"

"你炒的菜味道实在是太好了。那天那么大一桌菜，三个人几下就吃完了。"

"您的孩子长得真漂亮，特别是眼睛，又黑又亮，太逗人喜欢了。"

这些看起来普通的语言，对你自己来说似乎并没有什么，但对别人来说，意义却大不一样：或者能为他带来喜悦，或者能给他带来欣慰，使他感到快乐。

夸奖别人一定不能给人以敷衍的感觉。仅仅说一句"你的衣服很好看"是不够的，别人会觉得你口是心非。你必须懂得人总是喜欢被人夸的，无论是刚懂事的小孩，还是饱经世故的老人都是一样的。而且特别喜欢拿自己和别人进行比较，喜欢听到自己比别人强的赞美。所以我们平时所说的赞美，大多是具有鲜明的比较性的。

比如，老刘和老王以不同的价钱买了一套同样的西装，而老刘买的比老王买的便宜了不少，因此，老刘觉得很得意。当与他人在一起时，只要一说起买西装的事，如果你说"老王吃亏了，他付的钱比你的贵得多"，那就不如说"你买得便宜多了"。

这是为什么呢？因为人们都喜欢听直接赞扬自己的话。前面所讲的话，尽管也肯定了老刘买得便宜，但那是一种间接的表扬，远远不如"你买得便宜多了"直截了当，让人一目了然，而表扬主角就直接是老刘，那他当然就舒心了，觉得自己有眼光。

因此，下一次你称赞别人的工作时，要说"你比某某做得好"而不应该说"某某比你做得差"。同样的意思，不同的说法，就会产生不一样的效果。

假如你过生日，有人送你一条领带，那感谢肯定是必要的，但如果把感谢和夸奖结合起来，效果会更让人满意。"很感谢你的礼物，这领带花纹很美丽，让人带了显得更潇洒，很大方。"感谢之中又称赞对方有眼光，选择得当，说不定对方一高兴，下次就再送你一件礼物，你们之间的友谊也就更加牢固了。

"太巧了，我就想买这盒磁带，想不到你却送来了。"

如果真是你渴望已久的东西就不妨立即告诉他，他就觉得他是你的知心朋友。

有位富翁十分有钱，但却得不到旁人的尊重，为此苦恼不已，每日寻思如何才能得到众人的敬仰。某日在街上散步时，他看到街边一个衣衫褴褛的乞丐，心想机会来了，便在乞丐的破碗中丢下一枚亮晶晶的金币。谁知乞丐头也不抬地仍是忙着捉虱子，富翁不由生气："你眼睛瞎了？没看到我给你的是金币吗？"乞丐仍是不看他一眼，答道："给不给是你的事，不高兴可以要回去。"富翁大怒，意气用事起来，又丢了十个金币在乞丐的碗中，心想他这次一定会趴着向自己道谢。却不料乞丐仍是不理不睬。富翁几乎要跳了起来："我给你十个金币，你看清楚，我是有钱人，好歹你也尊重我一下，道个谢你都不会。"乞丐懒洋洋地回答："有钱是你的事，尊不尊重你则是我的事，这是强求不来的。"富翁急了："那么，我将我的财产的一半送给你，能不能请你尊重我呢？"乞丐翻着一双白眼看他："给我一半财产，那我不是和你一样有钱了吗？为什么要我尊重你。"富翁更急起来道："好，我将所有的财产都给你，这下你可愿意尊重我了？"乞丐大笑："你将财产都给我，那你就成了乞丐，而我成了富翁，我凭什么来尊重你。"富翁无言以对……

另外，把较大的荣誉给予对方，也不失为感谢夸奖的好方法。如果你能将声调调整一下，你将会欣喜地发现，你周围的人是那么友好，那么和善，那么容易相处。

"没长眼吗？你挡住我的路了。"某公司文员叶雯雯抱着一大摞资料去档案室时，在走廊上对迎面而来，不小心与自己相撞的赵浩军大喊道。

"闪开！看什么看，我的报表还未完成呢。"桑兵对同事卫东不满地说。

"真是笨蛋！要不是你拖后腿，这个月我们组就能拿到销售奖了。"王季涛怒气冲冲地对同事戴军说。

假如这些同事把上面的话改用温和的语气、委婉的辞令说出，那么效果就大不一样了。

我们和同事说话时如果内心谦恭，词语动听，语气柔和，那么我们就一定能成为口才高手。有的人天生就有一副好嗓子，而有的人却没有。但是，要让说话语气轻柔是可以训练的。如果你能做到说话语气柔和，相信你所获得的回馈是难以估量的，并且这样的回馈，对你和你周围的人都有正面的影响。

奥妙无穷，赞美是一种高超的学问

赞美是一门学问，其中的奥妙无穷。

"赞美"的实质是能抓住赞美的事物的实质。许多人常犯的错误，见了什么都说好，见了谁都说高，有的是不懂装懂，有的只知其一，不知其二，语言不到位，说不到点子上，切不中要害，缺乏力度。在书法展上，我们经常听到一些似懂非懂、不懂装懂的人发出这样的赞叹："这字写得真好！"问他究竟好在哪里，他支吾半天说不出个一二三来。或者有人慨叹："这手字真乃绝活！我一个认不出来！"如此赞扬，真是浅薄。做一个赞美者，要懂专业知识。"隔行如隔山。"现代社会中专业分工很细；各专业相对独立，自成相对封闭的系统。如果知识面狭窄，无疑就成了"门外汉"，空怀一颗善良的心，却找不到赞美的话题。

首先，要善于使用专业术语。术语是构成一门学问的细胞，是其基本构成要素和基本概念。

其次，对某一行要有一定的造诣，你的赞美才会令人接受，他人方会视你为知己好友。

独具慧眼的赞美者善于发现别人发现不了的优点、长处和意义。

有人认为，人不是历史的符号，同时在每个人成长发展的历史过程中又满载着历史记录，其中不乏自己引以为荣的事情。对这些引以为荣的事情，每个人都渴望得到别人较高的评价，如果能够得到衷心的肯定和赞美，更是让人高兴和自豪的事。

对于陌生人，则可以从他的职业、所处环境及历史年代，大体判断其引以为荣的事情的范围。

一位将军引以为骄傲资本的往往是他曾经取得的赫赫战功。一位研究历史的教授则必然对自己发表的论文和专著引以为豪，如果你想对一陌生历史教授尽一点赞美之意，不妨对他说："教授先生，您的论文和专著在历史学界颇具影响力，久仰大名。"律师则会以自己办的影响力较大的案子而得意，碰到一名陌生的律师可以说："做律师的人都不简单，您办的好几件案子都相当出色。"即使是一个农民，也会为今年只有他多种西瓜，又碰上西瓜行情出奇的好，而有几分成就感，你买瓜时不妨说："老兄，你真有眼力，今年这西瓜行情算是让你给瞅准了。"

真诚地赞美一个人引以为荣的事情，可以使你更好地与对方相处。

赞美一个人引以为荣的事情，可以使他更容易接受你的建议从而改正自己的一些错误行为。

经常赞美老人一生中引以为荣的事情，可以使老人晚年更加幸福。

老人奋斗一生，如果你不了解、不理解，又不赞美他一生的成就，他们就会感到失望。许多老人喜欢在晚辈面前谈起自己曾经历了多少大风大浪，自己是如何艰难创业的，除了对晚辈有教育意义之外，更希望得到晚辈的赞美和崇敬。

称赞一个人引以为荣的事情必须注意三点：其一，赞美的话语表达要准确，不能偏离事实；其二，赞美必须是由衷的，发自肺腑的言语，不要夸张；其三，赞美之时要专注，让被赞美者感到你有享其光荣和快乐的心情。

虚心请教，从他人的兴趣爱好入手

几乎每个人都有自己的爱好，有自己擅长的事物，琴、棋、书、画，养花种草，甚至吸烟喝酒也算得上是爱好。爱好是一个人的乐趣所在。为了自己的爱好，比如集邮，每个人都舍得花钱，也舍得投入时间和精力，有的甚至达到废寝忘食的境界。对有些人来说，爱好就是他的命根子，你若冲撞他的爱好，轻则讨人嫌，重则引他怒气冲天。而尊重别人的爱好，则可以赢得他人喜欢。常言说的志趣相投，很大程度上是指兴趣、爱好接近，从而才使人们走到一起。

要做一个赞美的高手必须了解别人的爱好，尊重别人的爱好，赞美别人的爱好。要想使你的赞美真正能够"投其所好"，必须有一"技"之长。

首先要把握好正当爱好与有分歧的爱好之间的界限。正当爱好多不胜数，当前很热的如足球、集邮、气功等。这些爱好有益于大家的身心健康，易于接受，颇受大众欢迎，人们在评价上也没多少分歧，比较容易称赞。比如你赞扬一群足球迷时，不论夸他足球知识渊博，劲头足，还是赞扬他喜爱的球队，他都会感到高兴。

一般说来，爱什么懂什么。一个人爱好书法，必定有丰富的书法知识；一个人爱钓鱼，钓鱼经验必定丰富，你没有必要恭维其爱好如何如何，这样的话他必然听得太多，如一阵风过耳畔，留不下半点痕迹。这时，只要你虚心地讨教一番，做毕恭毕敬状，他定会耐心地向你传授其中一二奥秘。

不妨把自己变得"外行"一些，爱好相同的两个人相处时，谈得最多的自然是他们的爱好，两人即使是萍水相逢，也可能一见如故。对于爱好相同者，其互相切磋、玩味的全神贯注状令人好生佩服。他们可能互相交流经验也可能是某一技术性问题争得面红耳赤，然而，有时你想赞美对方，不妨把自己表现得"外行"一些或水平更低一些。

讲究方式，不经意间的赞美最受用

一句善意的话能让听者笑逐颜开不是一件容易的事，这需要把握两个要点：一是说之前要观察准确，确保做到投其所好；二是经过精心准备的人情话要以"不经意"的方式"随口"说出来，这让对方不会产生被刻意讨好的不快。

美国著名的柯达公司创始人伊斯曼，捐出巨款在罗彻斯特建造了一座音乐堂、一座纪念馆和一座戏院。为承接这批建筑物内的座椅，许多制造商展开了激烈的竞争。

但是，找伊斯曼谈生意的商人无不乘兴而来，败兴而归，一无所获。

正是在这样的情况下，"优美座位公司"的经理亚当森，前来会见伊斯慢，希望能够得到这笔价值9万美元的生意。

伊斯曼的秘书在引见亚当森前，就对亚当森说："我知道您急于想得到这批订单，但我现在可以告诉您，如果您占用了伊斯曼先生5分钟以上的时间，您就完了。他是一个很严厉的大忙人，所以您进去后要快快地讲。"

亚当森微笑着点头称是。

亚当森被引进伊斯曼的办公室后，看见伊斯曼正埋头于桌上的一堆文件，于是静静地站在那里仔细地打量起这间办公室来。

过了一会儿，伊斯曼抬起头来，发现了亚当森，便问道："先生有何见教？"

秘书把亚当森作了简单的介绍后，便退了出去。这时，亚当森没有谈生意，而是说："伊斯曼先生，在我们等您的时候，我仔细地观察了您这间办公室。我本人长期从事室内的木工装修，但从来没见过装修得这么精致的办公室。"

伊斯曼回答说："哎呀！您提醒了我差不多忘记了的事情。这间办公室是我亲自设计的，当初刚建好的时候，我喜欢极了。但是后来一忙，一连几个星期我都没有机会仔细欣赏一下这个房间。"

亚当森走到墙边，用手在木板上一擦，说：

"我想这是英国橡木，是不是？意大利的橡木质地不是这样的。"

"是的，"伊斯曼高兴得站起身来回答说，"那是从英国进口的橡木，是我的一位专门研究室内橡木的朋友专程去英国为我订的货。"

伊斯曼心情极好，便带着亚当森仔细地参观起办公室来了。

他把办公室内所有的装饰一件件向亚当森作了介绍，从木质谈到比例，又从比例谈到颜色，从手艺谈到价格，然后又详细介绍了他设计的经过。

此时，亚当森微笑着聆听，饶有兴致。

亚当森看到伊斯曼谈兴正浓，便好奇地询问起他的经历。伊斯曼向他讲述了自己苦难的青少年时代的生活，母子俩如何在贫困中挣扎的情境和自己发明柯达相机的经过，以及自己打算为社会所做的巨额的捐赠……

亚当森由衷地赞扬他的功德心。

本来秘书警告过亚当森，谈话不要超过5分钟。结果，亚当森和伊斯曼谈了一个小时，又一个小时，一直谈到中午。

最后伊斯曼对亚当森说："上次我在日本买了几张椅子，打算由我自己把它们重新漆好。您有兴趣看看我的油漆表演吗？好了，到我家里和我一起吃午饭，再看看我的手艺。"

午饭以后，伊斯曼便动手，把椅子一一漆好，并深感自豪。直到亚当森告别的时候，两人都未谈及生意。

最后，亚当森不但得到了大批的订单，而且和伊斯曼结下了终生的友谊。

为什么伊斯曼把这笔大生意给了亚当森，而没给别人？如果他一进办公室就谈生意，十有八九要被赶出来。

亚当森成功的"绝"窍，就在于他了解谈判对象。他从伊斯曼的办公室入手，巧妙地赞扬了伊斯曼的成就，使伊斯曼的自尊心得到了极大的满足，把他视为知己。这笔生意当然非亚当森莫属了。

精诚所至，发自内心的称赞最能使人愉快

有些人不是出自真心而是随大溜，跟着别人说重复的恭维话，或者附和别人的赞美，这不仅使自己处境尴尬，还会引起被恭维者的反感。

古时候，朱温手下就有一批喜欢鹦鹉学舌拍马屁的人。一次，朱温与众宾客在大柳树下小憩时，无意中说了句："好大柳树！"

宾客为了讨好他，纷纷起来互相赞叹："好大柳树。"

朱温看了觉得好笑，又道："好大柳树，可做车头。"

实际上，柳木是不能做车头的。但还是有五六个人互相赞叹："可做车头。"朱温对这些鹦鹉学舌的人烦透了，厉声说："柳树岂可做车头！我见人说秦时指鹿为马，有甚难事！"于是把说"可做车头"的人抓起来杀了。

恭维如果是伪装的，会令对方认为是你在溜须拍马，盲目地追随别人的恭维更是如此。

恭维是一种艺术，不但需要合适的方式加以表达，而且要有洞察力和创造性。

一位举止优雅的妇女对一个朋友说："你今天晚上的演讲太精彩了。我情不自禁地想，你当一名律师该会是多么出色！"这位朋友听了这意想不到的评语后，像小学生似的红了脸，露出无限的感激的神态。

所有人会被真心诚意的恭维所触动。哈佛大学弗尔帕斯教授经历过这样一件事：

有一年夏天，天气又闷又热，他走进拥挤的列车餐车去吃午饭，当服务员递给他菜单的时候，他说："今天那些在炉子边烧菜的小伙子一定是够受的了。"

那位服务员听了后吃惊地看着他说："上这儿来的人不是抱怨这里的食物，便是指责这里的服务，要不就是因为车厢内闷热而大发牢骚。19年来，你是第一个对我们表示同情的人。"

古谚云："精诚所至，金石为开。"当称赞之语从舌底间流出的时候，很大程度上，言语中包含的真诚百分百已经显露出来，写到被称赞者的脸上或者心中。所以只有真诚的称赞，才能使别人感到称赞者是在发现他的优点，而不是作为一种明显的功利性手段去称赞他，从而使他自觉自愿地"打开"称赞者所需要的"金石"，或者接受称赞者在称赞背后隐藏着的不满，从而达到称赞的最终目的。

推陈出新，有创意的赞美更让人受用

陈词滥调或者不着边际的赞美只会惹人生厌，赞美的直接目的是让对方高兴，如果你不低估人家的智力的话，赞美的话也得有新意才成。

一本书中说到，一位将军听到别人称赞他美丽的胡须便大为高兴，但对于别人对他作战方式的赞誉却不放在心上，这种心理是每个人都有的。大概不少人赞美过这位将军的英勇善战及富于谋略的军事才干，但是他作为一个军人，不论在这方面怎样赞美他，也只是赞歌中的同一支曲子，不会使他产生自豪感。然而，如果你对他军事才能以外的方面加以赞赏，等于在赞词中增加了新的条目，他便会感到无比的满足。可见，在恭维他人时，捧出新鲜的意味来是多么的重要。

大学问家钱钟书先生的称赞也像他的《围城》一样充满智慧的创意，给人以新鲜而受用的感觉。

有一年冬天，他访问日本，在早稻田大学文学教授座谈会上即席作了《诗可以怨》的演讲。开场白是：到日本来讲学，是很大胆的举动，就算一个中国学者来讲他的本国学问，他虽然不必通身是胆，也得有斗大的胆。理由很明白简单。日本对中国文化各方面的卓越研究，是世界公认的；通晓日语的中国学者也满心钦佩和虚心采用你们的成果，我知道要讲一些值得向各位请教的新鲜东西，实在不是轻易的事。我是日语的文盲，面对着贵国汉学或支那学的丰富宝库，就像一个既不懂号码锁又没有开撬工具的穷光棍，瞧着大保险箱，只好眼睁睁地发愣。但是，盲目无知往往是勇气的源泉。意大利有一句嘲笑人的惯语："他发明了雨伞。"

"据说有那么一个穷乡僻壤的土包子，一天在路上走，忽然下起小雨来了，他凑巧拿着一根棒和一块布，急中生智，他把棒撑了布，遮住头顶，居然到家没有淋得像落汤鸡。他自我欣赏之余，也觉得对人类作出了贡献，应该将他的创意公之于世。他听说城里有一个发明品专利局，就兴冲冲拿着棍和布赶进城去，到那局里报告和表演他的新发明。局里的职员听他说明来意，哈哈大笑，拿出一把雨伞来，让他看个仔细。我今天就仿佛是那个上注册局的乡下佬，孤陋寡闻，没见识过雨伞。不过，在找不到屋檐去躲雨的时候，棒撑着布也不失为应急的一种有效方法。"

钱先生在这里先讲对日本汉学研究中国人不敢等闲视之，即使是中国专家在日本讲中国学问，也要对听众的水平作最充分的估计。后段讲自己不通晓日语，除了有勇气之外，没什么资本。殊不知，钱先生正是这种有意识的自嘲式的赞扬，使在座的所有日本听众既感动又受用。

深入细致，赞美要具体才表明不是敷衍

抽象的东西往往很难确定它的范围，难以给人留下深刻印象；赞美的东西应该是看得见、摸得着的，这就是具体。如果要称赞某人是个好推销员，可以说"老王有一点非常难得，就是无论给他多少货，只要他肯接，就绝不会延期"。所谓深入、细致就是在赞美别人的时候，要挖掘对方不太显著的、处在萌芽状态的优点。因为这样更能发掘对方的潜质，增加对方的价值感，赞美所起的作用会更大。

某市文化公司要建造一座影剧院。这一天，公司王经理正在办公，

家具公司的李经理找上门来推销座椅。

"哟！好气派。我从未见过这样漂亮的办公室，如果我有一间这样的办公室，我这一生的心愿都满足了。"李经理这样开始了他的谈话。他用手摸了摸办公椅扶手："这不是香山红木吗？难得一寻的上等木料哇！"

"是吗？"王经理的自豪感油然而生，他说，"整个办公室是请深圳的装修专家装修的。"说罢，不无炫耀地带着李经理参观了整个办公室，兴致勃勃地介绍设计比例、装修材料、色彩调配，兴奋之情，溢于言表。

不用说，李经理顺利地拿到了王经理签字的座椅订购合同。他得到了满足，也给了王经理一种满足。

在这里，李经理最有亲和力的一句赞语恐怕就是那句"这不是香山红木吗？难得一寻的上等木料哇！"显得既内行又点到了对方的最爱，算是赞到了点儿上，也才使那位王经理敞开了心扉。

因人而异，赞美要区别不同的对象

因为其自身心理特点不同，对男人、女人的赞美也不能采用相同的语言方式。

男人要面子好虚荣，多表现在追逐功名、显示能力、展示个性以显潇洒和能人之形象方面，而女人则表现在对容貌、衣着的刻意追求或身边伴个白马王子以示魅力方面。

男人要面子，好虚荣毫不遮掩，有时甚至坦率得令人吃惊，而女子则总是遮遮掩掩、羞羞答答，"犹抱琵琶半遮面"。

女性对于面子、虚荣还有几分保留，而男子则是全力以赴去追求面子，好似他的人生目的就是面子一般。

男人为了面子可以大动干戈，有权力的甚至可以轻则杀一儆百，重则发动战争；女人为了面子则会大喊大叫或者在家里鬼哭狼嚎几声。

对于男人的面子千万不要去伤害、破坏，否则便万事皆休——友谊中断，恋爱告吹，生意不成，升官无望，职称泡汤。

恭维异性，绝对要讲究技巧，否则稍有不慎便会招致不必要的误解。如果是初次见面，恭维还可能被理解成过于露骨的奉承甚至给人留下低俗讨厌的印象，无法将自己要表达的意思正确地传递给对方。

初次与异性会面，使用含糊的恭维之词是一种好办法。因为对于含义模糊的词句，人们多半会往好的方面理解。

对女性还应该注意下面的情形：

（1）加班时，如果对女职员说"你可以回去了"，不但没有讨好，反而容易使对方认为你轻视她。

某汽车厂的营业科长每次见到我便发牢骚："女孩子真是难以捉摸，没批评两句就去哭，夸奖其中一个却得罪其他女孩子，这真让我头痛。"日前决算，他轻声告诉两个不必留下来加班的女职员："你们可以回去了。"想不到对方却不高兴地说："别人都留下来，我们为什么回去？"看来他的一番好意被她们当做轻视自己的话了。

其实，这是没有把握女性的心理特点所致，越是认真工作的女性越痛恨被歧视。遇到这种情形，不要只说："你们可以回去了。"最好用安慰的口吻说："你们每天很辛苦，今天可以早一点回去。"如用这样的好言相劝，那么对方肯定会感谢你的一番好意，高高兴兴回家了。

（2）千万不要在女性面前称赞其他女性。有人说："女人的敌人就是女人自己。"对女性而言，其他女性全都是永远的敌人。

据说某市女中，有位男老师在课堂上总是以相同的速度走动，倘若中途不经意停下来，那么全班同学便认为老师对旁边的女孩子有意思。对此，也许有人会觉得很荒谬，但实际上却有男老师因不堪其扰而辞职。

女性在男女关系中没有所谓洒脱的状态，亦即没有所谓中立的状态。例如情侣相偕上街，男的看着迎面而过的漂亮小姐，说道："哇！好漂亮的女孩。"这种出于男性本能而又无心的一句话，其后果是深深刺伤女朋友的心，她会为此记仇不再理他。

即使是因为相同的事由，你也不应以同样的方式来称赞所有的人。不要去找任何时间、场合下对任何人都适用的"赞赏万金油"，它是不存在的。避免给对方留下"这人对谁都讲那么一套"的坏印象。

在很多人的聚会中，你千万不要搬出前不久刚称赞过其中某一位的话，再次恭维其他人。还是仔细想一想，每个人与他人相比，到底有何突出之处，这样就能因人制宜、恰到好处地赞扬别人。

激励有方，赞扬是领导管理下属的好手段

赞扬在领导与下属的关系中尤为重要，一句赞扬可以让下属努力地干、拼命地干，但一句批评可能让他站到你的对立面，让他与你对着干。

西斯·罗伯特是一家印刷厂的厂主，有一天他收到一份印刷得非常糟糕的印刷品，这是一位新工人干的活。这位新工人刚上班不久，他怕动作慢了，完不成任务，慌慌张张的，没有注意产品的质量，只注意产品的数量，印出的产品大多数不合格。车间的主管认为他不认真工作，

狠狠地训斥了他一顿，并说如果像他那样做，工厂的次品都要堆积如山了，那样大家都得回家了。

罗伯特了解到这一情况，找到那位新工人说："我昨天看到了你的工作成果，印得还不错，小伙子，你的干劲很足，每天能生产那么多产品。要是工人们都像你那样有激情，我们的工厂就少有对手了。希望你好好地干下去。"

罗伯特没有一句批评的话，他的表扬对年轻人的影响很大，果然，后来他干得非常出色。

对于有成就、贡献突出的下属，应当在全体员工大会上进行表扬，这是许多领导者经常采用的一种激励方式。事实证明，这种激励方式虽然简单，但它产生的效果却是十分明显的。为什么呢？因为人的社会性决定了每个人都希望自己能够得到他人的肯定与社会的承认。上司在特定场合对他的表扬，便是对他热情的关注、慷慨的赞许和由衷的承认。这种关注、承认，必然会使他产生感激不尽的心理效应，乃至视你为知己，以更大的努力报效于你。同时，这种表扬，能够激发其他下属的上进之心，从而为公司创造更大的效益。

有的上司、领导者一味追求效益，忽略了对贡献突出者心理的了解。只知道用人，而不知道去激励下属、激发他们工作的主动性、创造性。久而久之，一些有能力、对公司做出非凡业绩的员工，就会产生"上司只会利用自己"的思想，在感情上疏离公司，进而工作热情逐渐消沉，甚至自行辞职，"跳槽"出去另谋他就。

管理者绝对不能忽视对员工，特别是有一技之长、独当一面的员工对公司的感情的培养。如果要笼络住他们，就要在他们取得一些成绩时给予他们充分的肯定，在比较大的场合对他们进行表扬、鼓励。

大会表扬的魅力是巨大的，因为它公开承认和肯定了下属的价值。既能对受表扬的人起到很大的激励作用，又会对其他员工产生推动作用。

那么，怎样恰如其分地称赞别人呢？

把握称赞的要诀，就需要掌握称赞的度，绝不可夸大其词，只有这样才能赢得别人的信任和好感。

美国前国务卿基辛格是个擅长称赞的外交谈判高手，他说："你必须十分敏锐，因为大部分国家领导人是非常敏锐的，他们不容易被人操纵，却能操纵别人。你得运用你的智慧，去对付一个高智慧的人，还要使他马上感到你的诚意和认真，最后，必须增加他的信心。"因此，在基辛格眼里，所谓称赞是使别人相信他能解决问题的一种方法。

联系情境，避免你的赞语引起误解

在与他人沟通的过程中，不要没头没脑毫无来由地大加赞颂，一定要记住，你的赞誉之词应该与你们眼下所谈的话题有所联系。请留意你在何时以什么事为引子开始称赞对方。对方提及的一个话题，他讲述的一个经历，也可能是他列举的某个数字，或是他向你解释的一种结果，都可以用来作为引子。

一男青年晚上在饭店碰到一位认识的女士，她正和一位女伴在用餐，两人刚听完歌剧，穿戴漂亮。这位男青年竟然觉得眼前一亮，很想恭维一下对方："噢，康斯坦泽，今晚你看上去真漂亮，很像个女人。"对方难免生气："我平常看上去什么样呢？像个清洁工吗？"

在一次管理层会议上，一位报告人登台了。会议主持人向略显吃惊的观众介绍："这位就是刘女士，这几年来她的销售培训工作做得非常出色，也算有点儿名气了。"这末尾的一句话显然画蛇添足地让人不太舒心，什么叫"也算有点儿名气"呢？

这些称赞的话会由于用词不当，让对方听来不像赞美，更像是贬低或侮辱。结果自然是事与愿违，不欢而散。

所以在表扬或称赞他人时也请谨慎小心。请注意你的措辞，尤其要注意以下几条基本原则：

1. 列举对方身上的优点或成绩时，不要举出让听者觉得无足轻重的内容，比如向客户介绍自己的销售员时说他"很和气"或"纪律观念强"之类和推销工作无甚干系的事。

2. 你的赞扬不可暗含对对方缺点的影射。比如一句口无遮拦的话："太好了，在一次次半途而废、错误和失败之后，您终于大获成功了一回！"

3. 不能以你曾经不相信对方能取得今日的成绩为由来称赞他。比如，"我从来没想到你能做成这件事"，或是"能取得这样的成绩，你恐怕自己都没想到吧"。

另外，你的赞词不能是对待小孩或晚辈的口吻，比如，"小伙子，你做得很棒啊，这可是个了不起的成绩，就这样好好干！"

总之，赞美就像空气清新剂，可以振奋对方的精神，"美化"你身边的气氛，但你也必须清楚，再好的清新剂也有过敏以至反感者，更何况人与人之间的关系如此复杂，如果不首先练达人情，不根据所赞对象的心情及当时情境的具体情况而乱赞一通，恐怕真的会拍马屁拍到马蹄上。

第四章

好感是聊出来的：
1分钟博得他人好感的话术

磁铁效应，幽默使你更受欢迎

幽默是人际交往中的磁铁，可以将周围的人吸引到你身边来。幽默也是转换器，可以将痛苦转化为欢乐，将烦闷转化为欢畅，每个人都喜欢与机智幽默的人做朋友，而不情愿与忧郁沉闷、呆板木讷的人交往。

某大学植物系有一位植物学教授，开的课虽然是冷门课程，但只要是他的课，几乎堂堂爆满，甚至还有人宁愿站在走廊边旁听，原因并不是这位教授专业知识多么过人，而是他的幽默风趣风靡了校园，使得学生们都喜欢上这位教授的课。

有一次，该教授带领一群学生深入山区做校外实习，沿途看到许多不知名的植物，学生好奇地一一发问，教授都详细地回答解说。一位女同学不禁停下了脚步，对着教授赞叹地说："老师，您的学问好渊博呀，什么植物都知道得那么清楚！"教授回头眨了眨眼，扮个鬼脸笑道："这就是我为什么故意走在你们前头的原因了，只要一看到不认识的植物，我就'先下脚为强'赶紧踩死它，以免露馅！"学生们听了个个笑得人仰马翻，可见，这次实习之旅是一趟充满了笑声的愉快之旅。

当然，教授只是开个玩笑，幽默一下而已，这就是他广受学生欢迎的原因。

全美国知名的十大销售高手之一的甘道夫博士曾说："销售是2%的产品知识和98%的了解人性。"美国《EQ》一书的作者高曼博士说："成功来自80%的情商和20%的智商。"可见，了解人性、善于沟通、幽默才是成功的关键所在。我们经常会诧异，为什么有人那么受人欢迎而有人却那么受人鄙弃？问题就出在"懂不懂得推销自己、希望自己更受大家的欢迎，就要懂得适时地幽默一下，更要懂得将幽默摆在严肃的前面"。

在人际交往中，冷漠的脸孔总是让人敬而远之，而微笑热情的面容总会让人有亲近的愿望。总板着苦瓜脸的人是不会被人欣赏和欢迎的，而拥有充满笑容的阳光脸的人会使人感觉与他成为朋友是一件让人愉快的事。

日本的一位人际沟通高手福田建先生，曾提出一个生活实验报告："笑容可以招来笑容。"意思是说，当我们以笑脸对着别人时，别人也会以笑容回报，所以有人认为："笑是一种可爱的传染病，被它感染了不但浑身舒服，还快乐无比呢！"福田建还说："'笑脸迎人'不但是一剂人际关系的万能药，还是一剂最好的特效药。"我们不也常说"笑脸迎人，就是菩萨"吗？请记住常葆微笑、幽默对人，对人对己都是好处多多。

除了一张微笑的脸之外，受人欢迎还需要有一颗关心体贴别人的心。

曾经有一位病人牙疼去看牙医，牙医看了看说："这颗牙已经严重蛀坏了，无法根治，需要整颗拔掉！"

病人问："请问拔一颗牙要多少钱？"

牙医回答说："600元。"

病人一听大吃一惊地说："什么？拔一颗牙只需短短几分钟就要收600元！"

牙医笑道："如果你要慢慢地拔也可以，我可以慢慢地帮你拔，拔到你满意为止。"

在适当的场合，幽默可以使你更容易让人亲近，上述牙医的幽默一方面消除了病人对昂贵药费的不满，另一方面放松了病人的紧张心态。幽默可以使紧张的心情松缓下来，从而使你更受别人的欢迎。

交友不难，幽默的人容易接近

俗话说：在家靠父母，出门靠朋友。能够多交一些朋友，常与朋友交谈、聊天，就会心胸开阔，信息灵通，心情开朗；也能取人之长，补己之短。遇到烦恼的事情，朋友可以安慰你；遇到什么难题，朋友可以帮你出主意；有什么苦衷，也可以向朋友倾诉一番；遇到什么喜事和值得高兴的事，可以和朋友说说，分享快乐。

在拥挤的公交车上，即使身体互相挤压，人们之间一般也无话可说。可是有这么一个人他突然就耐不住寂寞了，他说道："喂，各位，大家都吸一口气，缩小些体积，我挤得受不了啦，快成照片了!"大家就一起笑起来。

陌生人之间都变得亲近起来，交流便由此开始了。

要找到志同道合的朋友并不是一件容易的事情。交友难，其实难就难在交友的方法上，幽默交友不失为一种有效的方法。陌生的朋友见面，如果幽默一点，气氛将变得活跃，交流会更顺畅。

著名国画大师张大千与著名京剧艺术大师梅兰芳神交已久，相互敬慕。在一次张大千举行的送行宴会上，张大千向梅兰芳敬酒，出其不意地说："梅先生，您是君子，我是小人，我先敬您一杯!"

众人先是一愣，梅兰芳也不解其意，忙问："此语作何解释?"

张大千朗声答道："您是君子——动口；我是小人——动手!"

张大千机智幽默，一语双关，引来满堂喝彩，梅兰芳更是乐不可支，把酒一饮而尽。

大多数人有广交朋友的心，苦的是没有行之有效的方法，如果我们能像张大千一样，注意感受生活，勤于思考，有一天我们也会变得和他一样幽默风趣，到那时候，对我们来说世界就不再是陌生的了，因为陌生人也会乐意成为我们的朋友。

两辆轿车在狭窄的小巷中相遇。车停了下来，两位司机谁也不准备给对方让道。

对峙了一会儿，其中一个拿出一本厚厚的小说看了起来，另一个见了，探出头来高声喊道："喂，老兄，看完后借我看看啊！"

逗得看书的司机哈哈大笑，主动倒车让路。另一个司机则在车开过了小巷之后主动与看书的司机交换了名片，并真的向他借书看。

两人的家离得本就不远，后来两人就成了很好的朋友。

上面故事中向人借书看的那位司机真是将幽默的交友艺术发挥到了极致，因为本来用幽默的话语将矛盾的热度降低到零点，把车开出小巷之后就已经达到了目的，他却没有就此停止，而是通过进一步的幽默将两人发展成朋友关系。所以，当我们与陌生人发生冲突的时候，如果能幽默一点，大度一点，矛盾应该可以化解，敌意也能变成友谊。

朋友间的幽默，方式很多，只要"幽"得开心，"默"得可乐就可以了。

法国作家小仲马有个朋友的剧本上演了，朋友邀小仲马同去观看。小仲马坐在最前面，总是回头数："一个、两个、三个……"

"你在干什么？"朋友问。

"我在替你数打瞌睡的人。"小仲马风趣地说。

后来，小仲马的《茶花女》公演了。他便邀朋友同来看自己剧本的演出。这次，那个朋友也回过头来找打瞌睡的人，好不容易也找到一个，说："今晚也有人打瞌睡呀！"

小仲马看了看打瞌睡的人，说："你不认识这个人吗？他是上一次看你的戏睡着的，至今还没醒呢！"

小仲马与朋友之间的幽默是建立在一种真诚的友谊的基础之上的，丢掉虚假的客套更能增进朋友之间的友谊。

可见，交朋友要以诚为本。朋友之间要以诚相待，互相关心，互相尊重，互相帮助，互相理解。爱人者人恒爱之；敬人者人恒敬之。关心别人，才会得到别人的关心；尊重别人，才会得到别人的尊重；帮助别人，才会得到别人的帮助；理解别人，才能得到别人的理解。

掌握了幽默的交友技巧，我们的朋友就会遍布天下，陌生人会变成新朋友，更多的新朋友将变成老朋友。面对老朋友，我们将是没有隔膜，无话不谈了：过去的趣事、将来的打算、工作中的得意、家庭里的烦恼都可和朋友一起分享。

善于调侃，给别人戴顶高帽子

我们每一个人都巴不得别人说自己好，这可以说是人的共性。

其实，人都是有双重性的，对有的人而言，你可能是个冷漠的人，但对另外一些人而言，你可能又是个热情的人了。

因此，站在人生的舞台上，我们会意识到各种不同的目光，这么多目光在注视你，审视你，于是，你也会很在意自己留在别人心目中的形象。

然而，把这种形象的意识换个思维，并将其运用到推辞的范畴，说不定可以收到事半功倍的效果，而这种反向思维就是——调侃。

有一部电视剧里有这样的情节：一位年轻的大学生爱上了一个普通工人，两人爱得很深，很痴迷。

可是,当这位大学生准备在假期回家禀告父母时,这个女工却提出与他分手了。

这以后,年轻的学生一心钻研功课,不再与那位女工来往。

那位工人是用何种方式让学生从情感的狂热中降温的呢?她说:

"你是一个年轻有为、前途无量的人,我怎么可以自私地把你据为己有?我一无文凭,二无好的环境,年龄还比你大了两岁,根本就是远远配不上你。我爱你,深深地爱着你。可是,我不能自私到让你为我荒废学业,失去抱负。正是为了这份真爱,我才提出与你分手……"

无论这番话是出自真心还是假意,都很容易收到效果。

因为像这样的言辞,妙就妙在她一直以卑微者的口吻调侃自己。

当男方的自尊被煽动起来后,一想到自己是被女方深爱而遭辞,分手的痛苦便小得多了。

因此,即使被对方以"不"推辞,也要用这种调侃的方式贬低自己,抬高对方,使他在熨贴的心境中接受你的推辞。

总之,让对方觉得自己不够格,不敢高攀,不能没有自知之明……以如此方式提高对方的地位;使对方在接受推辞时不感到痛苦。最好的方法就是运用这种调侃的方式。

如果我们能够运用这种方式,常常以自己可笑的地方开开玩笑,一定可以赢得许多朋友的友谊。因为你尊重别人,取笑自己,正可以表示你是把自己看做和朋友一样处于同等地位。

美国著名律师曹特是一位善讲自己笑话的人。有一次,哥伦比亚大学校长在他登台演说时,先将他介绍给听众说:"他算得上我国第一位公民!"

曹特似乎很可以立刻抓住这个难得的机会,大模大样地开着玩笑说:"诸位静听,第一位公民要开始演讲了。"但是他如真那样做,他便是一个没人瞧得起的傻瓜了。

曹特不但没有这样做，而且利用这个介绍词幽默了一下，并且获得了听众的好感。他说："刚才校长先生说的一个名词，我起初有些听不太懂。第一位公民是指什么呢？现在我才想到，大概他是指莎士比亚戏剧中常常提到的公民。这位校长先生一定是研究莎氏戏剧极有心得的人，他替我介绍时，一定又在想到他的戏剧了。诸位听众一定知道莎士比亚是常常把许多公民穿插在他的戏剧中，充任无关紧要的角色，如第一个公民、第二个公民之类，这些配角每人所说的话大都只有一两句，而且多半是毫无口才、没有高明见识的人。但他们差不多都是好人，即使把第一、第二的地位交换一下，也根本不会显示有何不同之处。"

这真是一篇聪明绝顶、极尽幽默能事的妙论！他把校长先生替他戴上的高帽子，丢给大家去戴，显示自己是与听众站在一样的地位。同时他的言语措辞也是高人一等。如果他改用一种庄重的态度，简括地说："校长先生说我是第一位公民，大概是在说我是一个舞台上的配角。"结果绝不会那样生动有趣，使得听众笑逐颜开。

机智幽默，获得他人的同情和谅解

在双方交谈刚开始，尚未开宗明义之前，来一个巧妙的逗乐幽默，使对方处于欢乐激情之中，达成情绪上的"晕轮"，就像刘姥姥一进大观园那样，首先给被求方以轻松感，然后再侧面谈及农家之苦，把被求方的骄傲情绪和同情心调动起来，他们自然乐于施舍于她了。利用自我解嘲幽默，可生动地暗示自己的处境，唤起被求方的同情。

有一个人向他的朋友抱怨："我越来越老了。"

当然，朋友告诉他，他看起来仍和从前一样年轻。

"不，我不年轻了。"他坚持说，"过去总有人问我：'为什么你还不结婚？'而现在他们问：'你当年怎么会不结婚的呢？'"

朋友在被他的幽默逗笑的同时，也不免会为他年华逝去，却还没有成家而同情他。要获得他人的同情，我们要首先脱掉虚伪的外衣，真诚地表露自己。而趣味思想的幽默能帮助我们移去障碍和欺骗。有时候，在大庭广众之下，我们会犯一些小错误，闹一些小笑话，这时候，就可以用幽默帮助我们表达真诚，来解除大家的嘲弄。

雷莉·布丝是美国20世纪50年代的著名女演员。在一次重大的颁奖活动中，她急步登台，没想到在台阶上绊了一下，险些跌倒在地，全场观众都为她吃了一惊，有些人甚至笑了起来。只见她不慌不忙地稳住了身体，站在舞台中央，平静地说：

"女士们，先生们，你们刚才看到了，我是经历了什么样的坎坷才站到今天这个舞台上的。"

全场观众顿时掌声如潮。

这就是令人赞叹的机智和幽默。这位女演员所要讲的内容，可能事先排练过数十遍，轻车熟路，而最后的这句台词却是从来没有想过的。这就是临场发挥幽默的困难之处，也是它的精彩迷人之处。

幽默地面对生活，借着笑的分享，你就可以把琐细的问题摆在适当的位置，困扰和你整个生活相形之下，就显得很小了，这有助于你轻松地获得他人的同情，也能使你重振精神。

有时候，我们也难免会撒谎或者欺骗他人。而当我们偶尔犯了错误受到谴责的时候，我们总是希望得到他人谅解。我们相信，绝大多数人是诚实的、善良的，因而我们采取幽默的方式争取他人的谅解。

　　一个妇人打电话给电工："喂，昨天请你来修门铃，为什么到今天还没有来？"电工答道："我昨天去了两次，每次按门铃都没有人出来开门，我只好走了。"

　　人们听后肯定会轻松地一笑，其意绝不在讽刺电工的服务态度，电工的愚笨反而使我们觉得可爱，进而谅解他的工作失误。

　　有时候，做错了事情又被别人撞上，往往会出现尴尬的局面，面对这种种无奈，我们只有采用幽默的方式来争取他人的原谅，用幽默营造一种"山重水复疑无路，柳暗花明又一村"的效果。

　　守林人在林中抓到了一个狩猎者。"你在干什么？"守林人声色俱厉地问道，"春天这里是严禁狩猎的，你难道不知道吗？"

　　"这我知道，"狩猎者说，"可我实在是因为遇到了一件不幸的事，想来这里自杀的。只是因为开枪时手抖得很厉害，不知怎么，子弹竟误落到了野鸭身上。"

　　狩猎者在偷偷狩猎的时候，恰好被守林人撞见。狩猎者明白自己做的事情不对，为争取守林人的谅解，他采用了温和、幽默的方式。

　　心理学中有一条规律：我们对别人表现出来什么样的态度和行为，对方往往会以同样方式回应。西方有句谚语说得好："把对方想象成天使，就不会遇到魔鬼。"当我们因做错事情而损害他人的利益时，更应该以知错求改的幽默态度来和对方交流，以争取对方的谅解。

心胸博大，幽默帮你控制不良情绪

我们在与人相处时，不可能事事一帆风顺，也不可能要求每个人都对我们笑脸相迎。很多时候，我们也会被他人误解，甚至被嘲笑，被轻蔑。这时，如果我们不能善于控制自己的情绪，就会造成人际关系的不和谐，对自己的生活和工作都将带来很大的影响。所以，当我们遇到意外的沟通情景时，就要学会用幽默的力量控制自己的情绪，因为轻易发怒只会造成反效果。

有的人在与人合作中听不得半点"逆耳之言"，只要别人的言辞稍有不恭，不是大发雷霆就是极力辩解，其实这样做是不明智的。这不仅不能赢得他人的尊重，反而会让人觉得你不易相处。保持虚心、随和、幽默的态度将使你与他人的合作更加愉快。

美国总统罗斯福年轻时体力比不上别人。有一次，他与人到白特兰去伐树，到晚上休息时，他们的领队询问白天每人伐树的成绩，同伴中有人答道："塔尔砍倒53株，我砍倒49株，罗斯福这个笨蛋只砍倒了17株。"

虽然同伴说的是玩笑话，但对罗斯福来说可确实不怎么顺耳，当罗斯福就要发怒时，他突然想到自己砍的树的确很少，简直和老鼠筑巢时咬断树基一样，不禁笑着说："你说的不对，我是用牙齿使劲咬断了17株。"

罗斯福是一个善于控制自己情绪的人。他以幽默的方式心平气和地面对自己的不足和他人的攻击。体现了他非同寻常的忍耐力和大度宽容的胸怀。

事实上，凡是任由其情绪控制其行动的人，都是弱者，真正的强者会迫使他的行动控制其情绪。一个人受了嘲笑或轻蔑，不应该表现得窘态毕露，无地自容。如果对方嘲笑的确有其事，就应该勇敢幽默地承认，这样对你不仅没有损害，反而大有裨益；如果对方只是横加侮辱，盛气凌人，且毫无事实根据，那么这些对你也是毫无损失的，你尽可幽默对待，这样益发显现出你人格的高尚。

能否很好地控制自己的情绪，首先取决于一个人的气度、涵养、胸怀、毅力，其次就是要掌握其他的一些缓和情绪的方法，幽默就是其中重要的一种。历史上和现实中气度恢弘、心胸博大的人都能做到有事断然、无事超然、得意淡然、失意泰然。正如一位诗人所说：忧伤来了又去了，唯我内心平静常在。

亲切自然，幽默寒暄增添生活乐趣

寒暄是人们日常交流中的一个重要方面。因为经常见面的熟人，不可能总有很多话要谈，也没有多余的时间一见面就站在路边没完没了地聊；而一旦碰见了熟人，如果因为嫌麻烦而不打招呼也过于不近人情，更无法缓和熟人相遇时所产生的下意识的紧张情绪。

但是过于一般的寒暄常常使人觉得生活乏味。为增添生活乐趣，维护良好的人际关系，可以在寒暄的时候打破常规，注入幽默元素。下面是一个典型的有关寒暄幽默的故事：

连续下了几天的大雨，某公司同事们见了面，一个人说："这天怎么老是下雨呀？"一位老实的同事按常规作答："是呀，已经6天了。"

一位喜欢加班的同事说："嘿，龙王爷也想多捞点奖金，竟然连日加班。"另一位关注市政的同事说："房管所忘了修房，所以老是漏水。"还有一位喜爱文学的同事更加幽默："嘘！小声点，千万别打扰了玉皇大帝读长篇悲剧。"

很多有幽默感的老年人很喜欢晚辈和他们开一些善意的玩笑。所以，当你刚出门就遇见老年邻居时，你就可以幽默地和他们寒暄一番，这样很容易就能和他们搞好关系，一般情况下，他们还会逢人就夸你会说话。

一个大热天，小王赶早趁天气凉爽去公司上班。她刚出家门，就看见邻居刘大妈大清早就在树荫下练腰腿。她走过去神秘地对刘大妈说："大妈，这么早练功，不穿棉袄，小心着凉啊。"一下子逗得刘大妈哈哈大笑，笑着骂道："你这个鬼丫头！再不走你上班可要迟到了，现在都9点多了。"小王一听赶紧看看表，才8点半。看到刘大妈在那里得意地笑才知道自己上当了。以后，每逢刘大妈见到小王都非常主动和小王打招呼，逢人就夸小王聪明伶俐，还张罗着给她介绍对象呢。

很多时候，新近发生的大事件会成为人们寒暄中的话题。因为，大事件是大家都关注的，人们可以从中找到共同的语言，可以避免在寒暄中话不投机而导致尴尬。下面就是一个利用大事件在寒暄中制造幽默的例子。

前些年因为厄尔尼诺现象的影响，气候反常，快到夏天的时候人们还穿着毛衣。很多熟人见面后的第一句话就是："气候太反常了，都过了农历四月了，天还这么冷。"可是，有一个幽默的汽车司机就不那么说，他见到同事李师傅的时候说："李师傅，这不又快立秋了，毛衣又穿上了。"他见到邻居张大爷的时候也会故意幽默地问："张大爷，您老也没有经历过这么长的冬天吧，到这时候了还这么冷？"恰好张大爷也是一个幽默人，他笑着答道："是啊，大概老天爷最近心情不太好，老是板着一副冷面孔。"

每个时期都会发生一些吸引公众注意、为公众关心的事件，比如电视节目"非诚勿扰"非常火暴，人们就可以利用它在寒暄中制造幽默的话题。

现在人们的生活水平提高了，人们都喜欢以"夸别人富有"作为寒暄中的话题，尤其在农村，这种看似俗气的寒暄更是常常会发生。其实，在寒暄中逗乐似的夸别人富有，也会收到很好的幽默效果。

李大娘午饭后恰好遇到大刚，大刚常规地寒暄道："大娘，您吃过午饭了吧？"李大娘既然被称为大娘，自然年纪不小了，可是她整天乐呵呵的，好像比大刚还活气，她回答说："嗬，还没吃呢。你中午吃什么好东西，也不请大娘我去吃，瞧，现在还满嘴都是油呢！"

李大娘幽默地夸赞大刚的生活过得好，她对大刚的假责怪显得亲热、愉快，很自然地就拉近了与大刚的关系，也成功塑造了自己平易近人、和蔼可亲的长辈形象。

总之，不要小看寒暄幽默，它能够使你在不知不觉中将欢笑带给别人，拉近自己与他人的心理距离。

自我推销，幽默地自我宣传效果更好

在这商业化的社会上，积极地推销自我能力的人越来越多，虽然能力的高低是重要的决定因素，但推销方法的高明与否则往往是成败的关键。有些人甚至就因为方法不好，虽然颇具才华，但却不能给人好的印象。如果在自我推销的过程中加入幽默的成分，相信会收到事半功倍的效果。

美国著名销售大师杰弗里·吉特默为他的猫制作了一张名片。每次推销的时候，他都会跟客户说："我的丽托猫有一张自己的名片。她是我的吉祥物。无论我要找哪份重要文件，总会发现她躺在上面，这很有趣。而我每次参加研讨会的时候，我总会散发它的名片。原因只是为了逗人一笑。但是，每个收到名片的人都会保留它，把它拿给别人看，并和别人谈论我。"

杰弗里·吉特默为他的小猫设计名片并到处分发，这是多么有趣的创举。如果有人给你一张这样的名片，你会怎么想？你会通过它而记住对方吗？很明显，通过这种方式，杰弗里·吉特默成功地推销了自己。所以，请记住名片是你的形象的代表，它应当有新意、有趣、吸引人。

自夸的幽默技巧也能被应用在自我宣传中。与其说自夸可耻，毋宁说它是一种宣传、广告，是所有商业行为的基础。

日本百货业界的巨人丸井百货公司在推出可以签账购买任何东西的"绿色签账卡"时，有一句很幽默的自夸词："除了爱人之外，什么东西都卖给你。"日本罗德企业集团在韩国的休闲购物据点罗德广场落成时，其企业总裁重光武雄就说了一句颇有幽默感的话："除了葬仪社之外，我们应有尽有。"

但是，在向别人推销自己时，如果言辞太过于自夸，在较含蓄的社会中还是不太容易被接受的。不过，同样是一句自夸的话，若是由具有幽默感的人来说，可能就比较不刺耳。下面就是一个以幽默的方式来夸耀自己的精彩的例子。

美国职业棒球界的某选手曾夸耀他自己的跑步速度说："我若告诉你我能跑得多快，您恐怕会吓死哦！只要我打出全垒打时，观众还没听到球棒打到球的声音，我人可能已经到一垒了。"

——这么说来它的速度简直就是超音速了嘛！

自夸的话语之所以听起来很逆耳，是那些话语中经常带有夸张不实的描述，或许我们可以更肯定地说，自夸的话多少有些吹牛。可是，现在是个人秀的时代了。强鹰若是不张爪，可能将捕不到好猎物而终其一生。反倒是那些本身毫无才能、装着尖锐假爪的劣鹰，却能时时大快朵颐。

不过话虽如此，但过分或过于低俗地自我炫耀，还是会招致别人反感的。因此一句要兼具自我宣传和自我炫耀的话，它必须是具有适度的幽默感，才能避免引起反感，并让人愉快地接受。一句话，自我推销要大胆，自我宣传要幽默。

玩转职场，幽默帮你树立办公室好人缘

幽默是一种最生动的语言表达手法，与幽默的人相处、谈话是一件非常有趣的事。在工作中遇到难题，如果这时以幽默调节，事情就很可能很快得以解决。如果你需要改善同事们的工作态度，你可以利用幽默的妙语来表明你的观点。

陈鹏在一个会计部门任职员。有一次发薪水的时候，他竟然收到了一个空的薪水袋。他没有气得暴跳如雷，也没有破口大骂。他只是去问发薪部门的人说："怎么回事？我知道会扣除一部分，但不至于把整个月的薪水都扣了吧？"当然，陈鹏得到了补发的薪水。

陈鹏对同事偶犯的错误持一种宽容的态度，而不把它看成一件了不得的事情，批评谩骂同事是愚蠢的。他以自己的幽默与同事分享了轻松愉快的果实。这也正是不为所动、泰然处之的幽默所要收到的效果。

我们如果不能领略到别人的幽默对自己的裨益，也就不太可能以自己的幽默来激励别人。为了表现我们重视别人所带给的好处，应该时时保持乐观的态度，同别人一起欢乐。

一位男士对即将结婚的女同事打趣地说："你真是舍近求远。公司里有我这样的人才，你竟然没发现！"她的女同事开心地笑了。

对上面这位男士的玩笑，女同事没有说他轻浮，反而感激他的友谊和欣赏。笑的热流流淌在两性之间，总是使人觉得弥足珍贵。当同事期望太多、要求太多之时，我们还可以用幽默表达我们不同的意见。

有一位电影明星向著名导演希区柯克唠叨摄影机的角度问题。她一次又一次地告诉他，务必从她"最好的一边"来拍摄。"抱歉，做不到，"希区柯克说，"我们没法拍你最好的一边，因为你正把它压在椅子上。"

使用幽默语言的人，大都有温文尔雅的语气、亲切温和的处世态度。这样的幽默才使人感到轻松自然。

如果你已经利用幽默的力量来帮助你取得成功，你也就能对挫折一笑置之，坦然开同事的玩笑，并且关心他们，更重要的是以轻松的心情面对自己，而以严肃的态度面对自己的新角色。

大智若愚，展现过人的处世智慧

幽默还有一个显著的特点，就是大智若愚。无论多么充满智慧的话语，都会用轻描淡写的态度和故作糊涂的方式表达出来。

有一个小男孩，一向是很机灵的，当然也是调皮捣蛋的。为了解决他身上存在的问题，促使他在学业上取得更大的进步，父母专门请了一个心理学家来考察他。

在谈话的过程中，心理学家提出了一个问题，以考察他的知识面宽不宽。心理学家问："你说说看，《战争与和平》是谁的作品？"

小男孩慢条斯理地回答说："我不可能知道的，我才这么一点年纪，怎么会去读托尔斯泰的书呢？"

小男孩的回答就是典型的大智若愚，他坦承自己不可能知道，但事实上他却已经把这个问题的答案准确地回答了出来。

可见，幽默本身就是一种智慧，一种创造，一种优美、健康的品质，一种超凡脱俗、宽容大度的性格。我们要想得到幽默感，有时候就需要使自己变得"糊涂"起来。

1. 模仿孩子的思维方式

童言无忌，孩子们说出的话是天真的、幼稚的，反映了他们对客观世界的真实认识。虽说他们的认识比较肤浅，往往停留在事物的表面，但由于他们的思想中没有成人过多的忌讳，脱离了成人的固有思维模式，因此常常能够说出一些妙趣横生的话来，逗得我们大笑不止。

父亲带着孩子去划船，船漏水了，父亲一筹莫展。

孩子问爸爸："爸爸，你怎么不高兴啊？"

父亲说："船头漏了那么大个洞，水一个劲地往船里流，我怎么高兴得起来呢？"

孩子说："这有什么难办的呢？再在船尾凿个洞，水不就从那里流走了吗？"

在船面临沉没危险的时刻，孩子丝毫意识不到事情的严重性，仍旧保持着惯有的思维方式。而他提出的办法又是多么的可笑啊，如果不是事出紧急，父亲也一定会被他逗得开怀大笑的。

孩子的思维往往出其不意，是因为在他们的思维模式中，还加入了较多的想象成分，他们乐于按照他们自己的想法，去解释自己看到的一切事物，因此就造成了幽默的效果。虽说孩子的这种幽默是无意形成的，但却给我们有益的启示：我们只要模仿孩子的思维方式，不就可以轻易地达到幽默的目的了吗？

2. 有意掩藏自己的智慧

虚荣心很强的人唯恐别人不知道自己的高人一等，总要夸夸其谈，把自己吹得天花乱坠，结果他们在世人的心中轻如鸿毛。幽默感很强的人却往往把自己智慧的光芒掩盖起来，以一副愚蠢的面目出现在大家面前，有时还要故意说些傻话，逗得大家前仰后合，但却没人会以为他们是十足的傻瓜，相反大家都会为他们的智慧所倾倒。

有一次，一位外国使者前来拜见美国总统林肯，看见他正在细心地擦着自己的靴子。

这个使者非常惊讶，不由得发自内心地赞扬道："啊，总统先生，您太伟大了，您总是亲自擦自己的靴子吗？"

"不错，"林肯笑着回答，"那么，你平时都是擦谁的靴子呢？"

表面上看，林肯的回答是愚蠢的，他怎能不知道对方的问话是什么含义呢！但他却故意在"擦自己的靴子"与"擦谁的靴子"上装糊涂，给对方来机智的幽默。

把自己的智慧掩盖起来，故意对相当明显的事实视而不见，让自己的思维在看似愚蠢的地方寻找突破点，说出的话就会很有情趣，让人忍俊不禁。

故作糊涂，并不是真的糊涂。明明聪明过人，却故意掩盖起来，以一副愚者的面貌出现，正是高度智慧的表现。我们常说这样一句俗话："一瓶水不响，半瓶水晃荡"，褒扬的是一种谦虚的美德。大智若愚的幽默思维也恰恰展现了这种美德，因此从这个意义上说，幽默也是一种高贵的美德，需要我们在运用的过程中，把高尚的人品完全展现出来。

3. 傻言傻语，妙趣无限

有意抛弃我们固有的理智思维模式，而采取幼稚的、愚蠢的、让人不可思议的思维模式，说出一些傻言傻语，带来妙趣无限的幽默语言。

能够做到这一点的人，胸怀必定宽广，他们不会为了一时一事的得失而斤斤计较，也不会为了虚名、钱财、权势而四处钻营，他们心态平和、淡然处世，时刻保持一颗金子般的童心，以纯真的心灵来面对这个物欲横流的社会，用故作糊涂的傻言傻语，给大家带来欢乐，给社会带来纯净。

罗西尼是意大利著名的作曲家，在国内拥有大批热情的追随者。有一次，他听说那些富有的追随者准备集资为他塑一座雕像，他很是感动。但当他知道塑像的钱竟达到1000万法郎时，他惊呼道："天啊，1000万法郎！如果他们肯给我500万法郎，我情愿亲自站在雕像的底座上！"

在这里，罗西尼是爱钱吗？不是的，如果他需要钱，他的那些追随者会把大量的金钱给他送来。他用这样的傻言傻语，所要表达的是对用巨资给他塑像的不以为然，他认为完全没有这个必要，才用这种方式表示了反对。

在故作愚蠢的背后，表现的是一种超常的幽默思维和过人的高超智慧。这种思维模式在几乎所有的幽默语言中都得到了运用，为我们的生活增添了无限趣味。

与人为善，用幽默化解冲突

有时候，人与人之间难免会发生正面的碰撞和冲突。这样的冲突大致可分为两种：无意的冲突和蓄意的挑衅。对这两种不同的情况，我们应该进行区别对待。在大多数情况下，冲突是无意中引起的，这时我们就可以用幽默的、与人为善的方式对冒犯者进行温和的批评。

借幽默的友爱之手，我们就能巧妙地化解掉生活中的各种矛盾。从心理根源上来说化解矛盾的关键是养成那种与人为善的友爱的心态。很多的幽默故事体现了人们对人与人之间友爱的呼唤，让我们看看下面这个幽默故事：

在电影院里，一名年轻男士在摸黑上过厕所后，来到了某座位外端的女士旁边，对她说："刚才我走出去的时候，是不是踩过你的脚？"

坐在最外端的女士很厌烦地回答道："那还用问吗？"

这样，那名年轻男士赶紧说："噢！那就是这排了！真对不起，我有严重的近视……请让我为您擦擦鞋吧……"

女士马上表示没什么，说自己擦就可以了。

从这个故事中我们可以看出，如果你冒犯了别人，对方在乎的可能不是你是否会赔偿他的损失，而是你对自己所做错事的认错态度。所以，当错误在你时，你只要诚恳地低下头，用幽默的方式向别人道歉，让对方感受到你表达歉意的一份诚心，相信大多数时候别人也会对你表示友善的谅解。

而且幽默地道歉也要注意时机，一般情况下，正在发脾气的人，由于火气上升，有时候会丧失理性。在这个时候，如果你保持安静，不去惹他，他就可以慢慢地恢复平静。当对方在谩骂不休之时，你千万不要抱薪救火，故意去逗他，只有这样他暴怒的火焰才会慢慢熄灭。

宽慰他人，幽默中的博爱之心

幽默之心即是替我们的内心加上一层化妆，偶尔需装疯卖傻愚弄自己。而且在悲哀的时候，也需在悲哀之中用博爱之心来宽慰他人。下面的四个朋友就是通过幽默地夸大自己的弱点来安慰其他人的。

初秋的一天，四个商人忙里偷闲坐在公园的长凳上，边欣赏云淡风轻的秋色，边闲谈起来。一个说："我们四人是要好的朋友，干吗不趁此良机畅谈各自的缺点，好让我们彼此增进了解呢？"他这么一说，其他三人都点头同意。

一个说："我好喝酒，常常是见酒不要命，不醉不罢休。"

其他三人听罢吃了一惊，心想，我一定要说得比他更惨些，要不他会为自己的缺点感到难过的。

接着，另一人说："既然老兄如此坦诚，我不妨也实话实说吧，我好赌，有时，甚至想偷钱去赌。"大家又是大吃一惊。

第三个商人说："老兄们，我真是伤透脑筋了，知道吗，我越来越喜欢邻居家的一个女儿，一个有夫之妇。"

听了这话，商人们更加吃惊。轮着第四个商人了，可他默不做声，其他三人再三追问，他才开口说道："我真不知道该如何启齿呀！"

"没关系，老兄，我们一定为你保密！"

"是这样的，我有一个改不了的毛病——好传闲话。"

日常生活中，朋友之间在闲聊时，把幽默的言语作为一种调料，互相安慰，对增强彼此的自信心很有帮助。生病的人最需要安慰，安慰病人也确实有些讲究。说些善意的祝愿："好好休息吧，你不久一定会康复的！"或直接询问病人的详细病状和调治方法，都不能算真正的安慰。那么，怎样才能给病人很好的安慰呢？

某人因工作劳累生了病，卧床不起，他的朋友说："你多么幸运啊，但愿我也生点病，好让我也能安静地躺在床上休息几天。"

类似这种用幽默的语言安慰病人的方法，往往会取得良好的效果。

有人去探望一年中因旧病频频复发而第五次住院的老朋友，以自己战胜病魔的经历，作风趣的现身说法：

"这家监狱（医院）我非常熟悉，因为我曾经是这里的'老犯人'，被'关押'在此总共12个月，对这里的各种'监规'了如指掌。我'沉着应战'，毫不气馁。有时，我自己提着输液瓶上厕所，被病友称作是'苏三起解'；有时三五天不吃饭，被医生称作为'绝食抗议'；有时接连几天睡不着觉，就干脆在床上'静坐示威'。300多个日日夜夜，我就这样'七斗八斗'斗过来了。如今我不是已经'刑满释放'了吗？你尽管是'五进宫'，只要像我这样'不断斗争'，就一定会大获全胜！"

一番话说得老朋友和同室病人都乐了，大家的心情也都轻松起来，老朋友的病也似乎感觉轻了几分。看来，探病时的交谈十分需要幽默，因为被病魔缠身的人格外需要欢快的笑声。

即使在人世间最大事件的死亡场合中，严肃而带幽默感的说辞，仍有很大的学问。丧葬，对任何人而言，皆是悲哀的事。如果前往丧家慰问时过于死板、正经的话，不但在他人的眼中变成虚伪的家伙，自己也未免觉得自己过于肉麻。此时就要利用到大家的幽默感了。当然以下的言辞也是大家所必须学习的。

我以为他度过险境，正在为你们庆幸时，没想到却……

什么？那样一个大好人竟然……真是太叫人意外了……

我觉得失去了一位优秀的导师……

真遗憾，就像失去了左右手一般……

我已经没有办法可以报答他的恩惠了。

日后您的责任更重大了，如果需要我帮忙的话，请您但说无妨……

至于奠仪，只要是不高得离谱的话，不妨比一般的"行情"稍提高一点。假如一般"行情"300元，你不妨送500元；如"行情"为500元的话，就送1000元。对于某个在奠仪方面显得相当阔绰的男子，朋友曾经询问了他的理由。想不到，他竟然妙趣横生地回答："噢！你问这个啊，那是在下的一种嗜好！"这个人真是懂得人生最大的幽默呢！不过，如果我们在让他人欢笑的同时又能够让他人感动，那就更有意义了。

敌意幽默，正话反说的妙用

敌意幽默是一种通过表面上表达敌意或者不满，而达到实际上表达赞美、认同的一种幽默手法。这种幽默因其表达的问题和表达的方式的敏感性而不易运用，而且如果对方不是一个很具幽默感的人，那么这种幽默的表达方式还有可能引起误会，造成不快。

事实上，这种幽默力量本身的许多特点，都显示我们只有对所爱、所关心的人运用时，才能使敌意的幽默得到有效运用，并产生好的效果。这种敌意的幽默常常以女性为对象。例如，公司里的职员有时开玩笑说到太太们的奢侈。一个说："就算皮包里层是捕蝇纸做的，我太太的钱也不可能留在皮包里。"一个说："据我太太告诉我，她承认她喜欢花钱，但是不要用'奢侈'这个字眼来说她，另找个新字好了。"

这类幽默从表面上看来似乎是很损人。但是我们从另一个角度来看，这些职员其实都很爱自己的太太，并且以她们为荣，他们实际上表达的意思是自己的太太比别的妇女穿着更好，更具魅力。他们以太太的奢侈为幽默素材来表示对太太的爱和以她为荣，并且以此代替直白的夸耀。或者你也可以这样说：

"我们的孩子也应该和我们从前一样去学习性知识——从厕所墙壁上。"这句带有讽刺意味的妙语，能帮助他人了解并接受你话中的含意："有性教育总比错误的性知识来得好。"

敌意幽默的效果在于使他人能集中注意力听你说话，记住你所说的，并且也能活跃谈话氛围，便于意见的表达。

不过，运用敌意幽默一定要谨慎。有时候，我们需要用到一些理智的思考，但还是很容易流于残忍和刻薄。而且更有甚者，敌意幽默表面所带有的轻微的侮辱也极易刺伤他人的心，使人陷入焦虑之中。

也有人善于恰当把握敌意幽默并有效运用它。例如格鲁乔·马克思称得克萨斯人为"他妈的北佬"，使得克萨斯人听了哈哈大笑，因为他深谙敌意幽默之道。但是即使是此中老手，偶尔也会有失败的时候，并因此使听者极不愉快。所以，敌意幽默要尽量少用，初学幽默者更要慎用。

轻松说理，用幽默将批评包装起来

大部分的人，是不会轻易去批评别人的，而几乎所有的人，更不喜欢被别人批评。但是"人无完人"，在交际中我们不可避免地会发现别人的缺点，如不及时指出，有可能导致更大的错误，会使我们因"不负责任"而内疚。这时，我们就得拿起批评的武器。但是在批评中，人们普遍反感的是板着面孔地训斥，为了达到完美沟通，在批评中就不能少了幽默的力量。

许广平曾经写了一篇名为《罗素的话》的论文，请鲁迅指正。鲁迅阅后，写了下面几句话："拟给九十分，其中给你五分（抄工三分，末尾的几句议论二分），余八十五分给罗素。"许广平欣然接受了鲁迅的这一批评。

鲁迅先生的用意是说许广平的论文中引用罗素的观点过多而缺少自己的独立见解，但他不是直接指出缺点，而是用幽默的语言予以调侃，并用带有夸张色彩的语调加以批评，这样的批评当然容易让人接受。

公园里有一家餐馆，常常在楼前树荫下撑出几把海滨伞，清幽的环境吸引了众多的顾客。一天，某球队的几名球员来到这里用餐，席间觥筹交错，敬酒喧哗，打破了公园的静谧。服务员几次想加以劝阻，却又怕得罪了客人，只得作罢。忽然一阵秋风刮起，将一片黄叶吹到了菜盘里。一位球员想为难服务员，便说："服务员，这算一道什么菜？"服务员笑了笑，答道："这是一张黄牌。"

出示黄牌是球场上对违规球员的一种警告，如再不改，等到第二张黄牌出现时，裁判就得请你"走人"了，所以球员都非常忌讳"吃黄牌"；但是服务员不是裁判，便不能给顾客"出示黄牌"。而顾客的行为与周围的环境又实在太不协调了，于是服务员幽默地将一片枯叶比做让球员"闻之色变"的黄牌，既达到了提醒对方的目的，又不至于引起对方的反感。

批评他人是为了让他人改正错误，而不是要把对方推入尴尬的境地，否则就不能达到批评的目的。而在批评中，只有加入幽默的力量才能使人更愿意接受。

但是，如果在批评中"幽默"过分，又可能让对方会错意，或使对方无法知道事情的严重性，从而达不到警醒对方的目的。

某公司职员爱酒如命。一次酒后不能上班，经理就在他的办公桌上写下"七九五四"几个数字。职员上班后，不知其意，就去请教秘书小姐。小姐说："经理是说你'吃酒误事'。"于是职员在"七九五四"后面画上一只蝉，送给了经理。经理笑道："孺子可教也。"但是好景不长，不久他又"旧病复发"，于是经理在蝉的尾部加上一道白烟，复交给职员。职员又问秘书小姐，小姐说："前次经理怪你'吃酒误事'，你说你'知了'；现在你依然故我，经理说你'知了个屁'。"

经理和职员在对待批评和被批评的问题上可谓幽默感十足，但是职员在被批评后"依然如故"，这多少与经理的批评严肃不足而诙谐有余有些关系。

品德修养，幽默不是低俗的油腔滑调

幽默虽包含着引人发笑的成分，但它绝不是油腔滑调的故弄玄虚或矫揉造作的插科打诨。有幽默感的人，大都有较高的文化水平和良好的品德修养，而一个不学无术的人则往往只会说一些浅薄、低级的笑话。

情调高雅的言语幽默总是于诙谐的言语中蕴涵着真理，体现着一种真善美的艺术美。因而，言语幽默必须是乐观健康、情调高雅的。

鲁迅是言语幽默的大家，有一次他与兄弟在一起聊天，侄子注意到他们兄弟俩长相的差异，好奇地问道："伯伯的鼻子怎么是扁的？"鲁迅不假思索地答道："是呀，我经常碰壁，时间久了，鼻子碰扁了。"逗得兄弟哈哈大笑，孩子们也跟着笑起来。

幽默在交谈中有重要的意义。真正的言语幽默，必定是以健康高雅的话语、轻松愉快的形式和情绪去揭示深刻、严肃、抽象的道理，使情趣与哲理达到和谐统一。

美国著名小说家马克·吐温也善于使用言语幽默。

有一次他到一个小城市去，临行前别人告诉他，那里的蚊子很厉害。到了那里以后，当他正在旅馆登记房间时，有一只蚊子在他面前来回盘旋，店主正在尴尬之时，马克·吐温却满不在乎地说："你们这里的蚊子比传说的还要聪明，它竟会预先看好我的房间号码，以便夜晚光顾。"大家听了不禁哈哈大笑。于是全体职员出动，想方设法不让这位作家被那预先看房间号码的蚊子叮咬。

言语幽默最能体现受人欢迎的"趣"、"隐"言谈的风采，它在深层的变化渊源与内核上赋予平常的言谈以意蕴深长的力量，并从色彩和情调上给它以使人着迷的缤纷和欢悦。

言谈明显具有雅俗之别、优劣之分，言谈优雅者也往往是言谈幽默者。谈吐隽永每每使人心中一亮，恍如流星划过暗夜的太空，光华只在瞬间闪耀，美丽却在心中存留。

铁血首相俾斯麦有一次和一名法官相约去打猎，两人在寻觅动物时，突然从草丛中跑出一只白兔。

"那只白兔已被宣判死刑了。"

法官好像很自信地这么说了以后，便举起猎枪，可是并没有打中，白兔跳着逃走了。看到这种情形的俾斯麦，当即大笑着对法官说："它对你的判决好像不太服气，已经跑到最高法院去上诉了。"

办事时如果借助言语幽默，你成功的可能性便大大增加了。幽默能创造友善，避免尖锐对立。俗话说："笑了，事情就好办！"就是这个道理。

老李在餐厅坐了很久，看到别的客人吃得津津有味，只有他仍无侍者来招呼，便起身问老板："对不起，请问——我是不是坐到观众席了？"

老李没有大声地谴责服务员服务不周，反而用幽默的语言提醒对方，表现出良好的个人修养，使一个小小的幽默变得格调高雅，这就是个人品质对言语幽默的提升作用。

言语幽默不光能在交谈中使用，在书信等书面交流用语中使用它更能产生高雅的情调。

据说《大不列颠百科全书》最初几版收纳"爱情"条目，用了五页的篇幅，内容非常具体。但到第十四版之后这一条目却被删掉了，新增的"原子弹"条目占了与之相当的篇幅。有一位读者为此感到愤慨，责备编辑部藐视这种人类最美好的感情，而热衷于杀人的武器。对此，该书的总编辑约斯特非常幽默地给予了回答：对于爱情，读百科全书不如亲身体验；而对于原子弹，亲身尝试不如读这本书好。

这位总编辑幽默的回信中包含了很深的哲理，他将爱情和原子弹进行比较，在答复读者质问的同时又表达了他和读者一样，珍惜人类最美好的感情、不愿原子弹成为"人类之祸"的思想。总编辑简单明了又具有穿透力的言语使幽默提升到一个更高的层次，具有了更深、更广的含义。

言语幽默多是三言两语、轻描淡写的。它既不像戏剧那样有激烈的矛盾冲突，又不像小说那样有完整结构的故事情节，但是它的确具有一种特殊的穿透力和一种高雅的情调。

第五章

收揽人心、赢得友谊的至高法则

快乐起来，笑着说话更容易让人接受

在生活中，人们脸上的微笑，就是向人表示：我喜欢你，我非常高兴见到你！

微笑是从内心发出的，那种不诚意的微笑，是机械的、敷衍的，也就是人们所说的那种"皮笑肉不笑"的笑容，那是不能欺骗谁的，也是我们所反对和厌恶的。

纽约一家极具规模的百货公司里的一位人事部主任，谈到他雇人的标准时，他说他宁可雇用一个有可爱的微笑、小学还没有毕业的女孩子，也不愿意雇用一个冷若冰霜的哲学博士。

如果你希望别人用一副高兴、欢愉的神情来对待你，那么你自己必须先要用这样的神情去对别人。

建议那些商界人士，尽量对每一个人微笑。斯坦哈德在纽约证券交易所上班，他给人的感觉是那种很严肃的人，在他脸上难得见到一丝笑容。

斯坦哈德结婚已有十八年了，这么多年来，从他起床到离开家这段时间内，他很难得对自己的太太露出一丝微笑，也很少说上几句话。家里的生活很沉闷，他决定改变这种状况。一天早晨他梳头的时候，从镜子里，看到自己那张绷得紧紧的脸孔，他就向自己说："比尔，你今天必须要把你那张凝结得像石膏像的脸松开来，你要展出一副笑容来，就从现在开始。"坐下吃早餐的时候，他脸上有了一副轻松的笑意，他向太太打招呼："亲爱的，早！"

太太的反应是惊人的，她完全愣住了，可以想象到，那是出于她意想不到的高兴，斯坦哈德告诉她以后都会这样。从那以后，他们家庭的生活完全变样了。

现在斯坦哈德去办公室，会对电梯员微笑地说："你早!"去柜台换钱时，对里面的伙计，他脸上也带着笑容。他在交易所里时，对那些素昧平生的人，他的脸上也带着一缕笑容。

不久他就发现每一个人见到他时，都向他投之一笑。对那些来向他道"苦经"的人，他以关心的、和悦的态度听他们诉苦。而无形中他们所认为苦恼的事，也变得容易解决了。微笑给他带来了很多很多的财富。

斯坦哈德和另外一个经纪人合用一间办公室。他雇用了一个职员，是个可爱的年轻人，那年轻人渐渐地对他有了好感。斯坦哈德对自己所得到的成就，感到得意而自傲，所以他对那年轻人提到"人际关系学"。那年轻人这样告诉斯坦哈德，他初来这间办公室时，认为他是一个脾气极坏的人。而最近一段时间，他的看法已彻底地改变过来。他夸斯坦哈德微笑的时候很有人情味!

现在斯坦哈德是一个跟过去完全不同的人了，一个更快乐、更充实的人，因拥有友谊及快乐而更加充实。

如果你觉得自己笑不出来，那怎么办？不妨试一试，强迫自己微笑。如果你单独一人的时候，吹吹口哨，唱唱歌，尽量让自己高兴起来，就好像你真的很快乐一样，那就能使你快乐。哈佛大学一位已故的詹姆斯教授曾说："行动好像是跟着感觉走的，可是事实上，行动和感受是并行的。所以你需要快乐时，就要强迫自己快乐起来。"

人是很容易被感动的，而感动一个人靠的未必都是慷慨的施舍和巨大的投入。往往一个热情的问候，温馨的微笑，也足以在人的心灵中洒下一片阳光。如果你要改变沟通的方式，那先从改变那副板着的面孔、露出一个微笑开始。

懂得感恩，一声"谢谢"沟通心灵

在社会交往中，任何人都会遇到困难、麻烦和自己能力之外的事情，都需要得到别人的帮助。

得到帮忙和受人益处之后向对方表示感谢，既流露了自己接受对方给予努力帮助的不安，也是对别人给予帮助的一种心理安慰和补偿，更是对人脉关系的深化发展。一声真诚的"谢谢"虽仅有两个字，却体现了人际之间的融洽与默契，显示出长篇大论也无法替代的独特魅力。这个词不仅是礼貌用语，也是沟通人们心灵的桥梁，若运用恰当，其作用将不可估量。

但是，尽管只有两个字，"谢谢"的表达却有许多讲究。要正确、恰当地道出"谢谢"，必须把握以下几点。

为别人帮忙、办事，多少总要耗费一些额外的精力，有时，还不得不辗转求人托情，欠下一笔"人情债"。因此在道谢时，一般要用含有歉意的语言来表示自己的不安之心，如"真对不起"、"实在不好意思"、"让您费心了"等。

感谢的话要首先说出来。当接受朋友恩惠或帮忙时，千万不要存有"感激之言留着以后再说"的心理，唯有懂得适时表达感谢之意的人，才能于所到之处皆受人喜爱，受人欢迎。

"你送我的那条领带，先是爱人看到，赞不绝口，到了办公室之后，连总经理都跑来看呢！""真谢谢你送的礼物，既实用又美观。""上次你帮我设计的封面广告，大受好评呢！还是你有办法。"无论是以口头还是书信的方式表示，或是接受礼物或受到恩惠时，立刻打电话致谢，其间流露的真切和热情都会令对方欣慰和喜悦。

　　道谢是为了表达感激之情，如果施惠者反而因此觉得窘迫，就违背了本意。因此，道谢要考虑时间、地点和对方的特点。例如，被谢者不希望局外人知道自己帮了你，你就应尊重对方的意愿。如果恰巧在大庭广众的场合遇见对方，就应含蓄致谢，或者小声耳语，或者借握手之机，用热情的力度加上含笑的眼神来表示，或者借说有点小事想同他单独谈谈，借此离开人群，找个合适的地方再坦诚相谢。

　　有时，道谢者口头表示谢意的同时，往往还要附赠礼物。这时，你可以随口说一句："一点小意思，不成敬意。"或者说："随便买了点小东西，不知道您喜欢不喜欢。"许多人习惯在告辞时这么说，目的在于避免宣扬，也便于对方接受。这么做，可以避免物品冲淡了人情。否则，有意张扬，反复提及，就有将人与人之间的互相帮助降为金钱关系之嫌了。

　　对道谢者来说，有机会时，需要在行动上回报对方。因此，有必要适当表露这种心愿。你可以说："今后，能给我一个回报的机会吗？""我很想投桃报李，需要时尽管说一声。""希望在适当的时候我能为您出点力，也表示我一份小小的心意。""不能赏个脸吗？让我为您做点什么，以免心中不安。"等等。

言之有物，少说缺乏真诚的客气话

　　如果你到一个朋友家里，朋友对你异常客气，你每说一句话，他都唯唯诺诺，和你说话时，总是满嘴的客套话，唯恐你不高兴，唯恐得罪你。如此一来，你一定觉得如芒在背，坐立不安，迫不及待地从他家逃了出来，终于如释重负。

　　这情形你大概经历过不少，但同时你得想想，你会如此对待你的客人吗？

虽然是客气，但这客气显然是让人不自在的。"己所不欲，勿施于人。"请大家谨记这句话。

刚见面时的几句客气话倒不成问题，若继续说个不停，就不太恰当了。谈话的目的在沟通彼此的情感，在增添彼此生活中的乐趣，而客气话却恰恰是横挡在彼此之间的一堵墙，如果不把这堵墙移走，人们只能隔着墙，作极表面的敷衍应酬而已。

朋友初次见面，略谈几句客套话后，第二、第三次的见面就最好少用。那些"阁下"、"府上"等名词，如果一直使用下去，则真挚的友谊必然无法建立。

客气话是表示你的恭敬或感激，不是用来敷衍朋友的，所以要适可而止，多用就流于迂腐、流于浮泛、流于虚伪。有人替你做一点小小的事情，譬如倒一杯茶，你说"谢谢"也就够了。要是在特殊的情形下，最多说声："对不起，这点事情也要麻烦你。"这就够了。但是有些人却要说"呵，谢谢你，真对不起，我不该拿这点小事情麻烦你，使我觉得真是难过，实在太感激了……"等一大串，即使你在旁边看见也会觉得不舒服，可是你自己不也有这样的毛病吗？

说客气话的时候要十分真诚，像把背得滚瓜烂熟的成语说出来的客气话，最易使人生厌，因成语并不带有一丝个人情感在内，而客气话也是如此。它只是人们用来描述客观事实的词语，你又怎能用来结交朋友呢？另外，说客气话时自然就好，不用太过紧张。还有，说客气话时要注意站姿，过度的打躬作揖、摇头摆身，这种惺惺作态的动作，既不雅观也不需要。

把平日对朋友说的客气话多加入些坦率，你必定可以拥有真挚的友谊。对你周围的人们说话稍为客气一点，如家中的佣人、你的孩子、商店的收银员、出租车司机等，你一定也会有意想不到的收获。

要避免说过分客气的话。在一个朋友家中，过分客气是让主人发窘的最佳利器，而当你是主人的时候，那又是最高明的逐客令，这更胜于把客人大骂一顿。如果你怕朋友们到家里打扰你，你就拼命地对他说客气话，临走时还不忘请他有空再来，但你知道他是绝对不会再来拜访的。

前段说明过度客气的话语总使人不自在。现在，来讨论说客气话时应该注意到哪些事情。

缺乏真诚的客气话，必不能引起听者的好感。例如"久仰大名，如雷贯耳"、"贵号生意一定发达兴隆"、"小弟才疏学浅，一切请阁下多多指教"……这些缺乏感情的、空洞的恭维语，若从谈话的艺术来看，的确是非加以修正不可的。

要言之有物，这是所有的话都应具备的条件。与其说"久仰大名，如雷贯耳"，不如说"阁下上次主持的冬季救济义卖晚会成绩之好，真是让人佩服……"这是直接提及他工作上的傲人成绩。若是恭维别人的生意兴隆，不如赞美他推销产品的能力，或赞美他的经营手段。单只向人指教是不行的，你应该择其所长，只在某点上请他赐教，这样他一定比较高兴。恭维不是浮泛的赞美，而是要指出具体事例，被你恭维的人才会真正感到骄傲。

表示关心，让人感受到你的真诚

只要你真正关心他人，就会赢得他人的注意、帮助和合作。要做到这一点也许并不难，你只需真诚地说几句关心人的话就行了。

你知道谁最得人缘吗？也许你在外面行走的时候就会碰见它。当你走到距离它10公尺附近时，它就会向你摇头摆尾，如果当你停下来摸摸它的头，它就会高兴地向你表示亲热。而且它的这些表现绝对没有不良企图：既不会向你兜售房地产，也不想同你结婚。大家都应该知道这是谁了吧？——一只可爱的狗。

我们都知道，有些人终其一生地向别人俯首弄姿，目的是引起别人的注意，其结果是徒费力气。因为人们根本不会注意到你，人们注意的只是自己。有人曾做过这样一个有趣的调查，在电话通话中，哪一个字是最常用的。调查结果是"我"字。所以，在人际交往中，你的人情话绝不能放过任何一个"我"。

在塔夫特总统任职期间，罗斯福有一天到白宫访问。恰巧那天总统和夫人外出不在。罗斯福对待下人的真诚便真实地流露出来。他热情地叫着每一个老仆人的名字，和他们打招呼，连厨房里洗碗盘的女仆都不例外。当他见到在厨房里干活的艾丽斯时，他问她是不是还在烘烤玉米面包。艾丽斯说她有时会做一些给仆人吃，但楼上的人并不吃。罗斯福就大声说楼上的人真不懂品味，在他见到总统的时候一定这么告诉他。艾丽斯用盘子盛了一些玉米面包给他，他拿了一片边走边吃，并且一路和工人、园丁打招呼。曾经在白宫做过40多年的老仆人爱科·胡佛含着热泪说这是他两年来唯一感到快乐的日子。

罗斯福有个侍仆叫詹姆士·阿摩斯，他写了一本名叫《仆人眼中的英雄——西奥多·罗斯福》的书，书中讲了这样一件事：他太太因为从没见过鹌鸟，于是有次向总统先生问起鹌鸟长得什么样子，当时总统先生非常详尽地描述了一番。没过多久，他们农舍里的电话响了，他太太跑去接，原来是总统先生亲自打过来的，他在电话中告诉他太太，如果现在从窗口向外看的话，也许可以看到有只鹌鸟正在树上唱歌。他每次到农舍来，都要和他们聊天，即使看不见他们，也可以听到他喊："安妮！詹姆士！"

哪一个雇工不喜欢这样的老板？哪一个人不喜欢这种人？

我们常常忘了人与人之间最宝贵的资源，就是朋友关系——生活的框架告诉我们要保护自己，多做可能多错，热心多会受伤。于是我们宁可自扫门前雪，被动一些，甚至对人漠不关心，或者只是说一些无关痛痒的人情话。一个人可以聪明绝顶、能力过人，但若不懂得借由真诚和积极热心来培养和谐的交际关系，他的成功就得付出事倍功半的努力。就拿说话来说，你的言辞无论多么悦耳动听，但如在别人那里感觉不到你的真诚，一切都会徒劳。

诚挚坦率，缩短与听者之间的距离

面对大众讲话时，诚挚、坦率的讲话能够吸引听众，能够缩短讲话者与听众之间的距离，使听众始终为讲话者的诚恳、坦率所打动，从而大大增强讲话的效果。

有一位老师写了一本名为《思想政治工作方法》的书，出版社没有给他稿费，而是让他自行推销一千册作为报酬。对那位老师来说，这远比讲课要难得多。

为了把书推销出去，他在学员中搞了一次演讲，他说："……当老师的在这里推销自己写的书，总不免有些尴尬。不过，如今作者也很难，写了书，还得卖书。出版社一下压给我一千册，稿费一文没有，所以我不推销不行。这本书写得怎样，我自己不好评说。不过有两点可以保证：第一，这本书是我用三年时间完成的，是我心血的结晶；第二，书的内容绝不是东拼西凑抄下来的，而是我自己长期思考的见解。前不久，这本书被思想政治工作研究会评为社科类图书的二等奖，这是获奖证书。说实话，对于我们这些教书匠来说，搞推销比写书还觉得难，只是硬着头皮来找大家帮忙。不过，买不买完全自愿，绝不强迫。如果你觉得这本书对你有用，你又有财力，就买一本，算是帮我一个忙。谢谢。"他的这次演讲立即产生了效果，一次就卖掉了300多册。

这位教员不是专职推销员，但是他却获得了成功。从某种意义上说，他的成功就在于他恰到好处地表达了自己的真诚，赢得了听众的信赖。这说明，在讲话中学会表达真诚要比单纯追求流畅和精彩更重要。

高明的演说家总是用真实的情感、竭诚的态度去呼唤人们的心灵，使它振奋、感化、慰藉、激励；对真善美，热情讴歌；对假丑恶，无情鞭挞。用诚挚的心去弹拨他人的心弦，用善良的灵魂去感化他人的胸怀。让听者闻其言，见其心，知其意，达到情感上的共鸣，就会令讲话如春风化雨，润物无声，潜移默化，产生磁铁般的影响。

1915年，小洛克菲勒还是科罗拉多州一个不起眼的小人物。当时，发生了美国工业史上最激烈的罢工，并且持续达两年之久。愤怒的矿工要求科罗拉多燃料钢铁公司提高薪水，小洛克菲勒正负责管理这家公司。由于群情激愤，公司的财产遭到破坏，军队前来镇压，因而造成流血事件，不少罢工工人被射杀。

在那种情况下，可说是民怨沸腾。小洛克菲勒后来却赢得了罢工者的信服，他是怎么做到的呢？

小洛克菲勒花了好几个星期结交朋友，并向罢工者代表发表了一次充满真情的演说。那次演说可称为不朽之作，它不但平息了众怒，还为他自己赢得了不少赞誉。演说的内容是这样的：

"这是我一生当中最值得纪念的日子，因为这是我第一次有幸能和这家大公司的劳工代表见面，还有公司行政人员和管理人员。我可以告诉你们，我很高兴站在这里，有生之年都不会忘记这次聚会。假如这次聚会提早两个星期举行，那么对你们来说，我只是个陌生人，我也只认得少数几张面孔。由于上个星期以来，我有机会拜访附近整个南区矿场的营地，私下和大部分代表交谈过，我拜访过你们的家庭，与你们的家人见过面，因而现在我不算是陌生人，可以说是朋友了。基于这份互助的友谊，我很高兴有这个机会和大家讨论我们的共同利益。""由于这个会议是由资方和劳工代表所组成，承蒙你们的好意，我得以坐在这里。虽然我并非股东或劳工，但我深觉与你们关系密切。从某种意义上说，也代表了资方和劳工。"

多么出色的一番以情动人的话语，这可能是化敌为友的最佳艺术表现形式之一。假如小洛克菲勒采用的是另一种方法，与矿工们争得面红耳赤，用不堪入耳的话骂他们，或用话暗示错在他们，用各种理由证明矿工的不是，你想结果会如何？可能只会招惹更多的怨愤和暴行。

美国著名作家马克·吐温说得好："真诚和热情是每个成功者的秘诀。这如同英雄有本领一样，是不能拿假武器去冒充的。"鲁迅说得也很深刻："只有真的声音，才能感动中国人和世界人；必须有真的声音，才能同世界人同在世界上生活。"这个真就是真实和笃诚。不管世界上哪一个民族的语言，只要饱含真挚的情感，就能产生巨大的影响，就能唤起群众的热诚，就有震撼人心的力量。任何语言，情不真，意不切，则无以动人。

话诚有情，真诚让友谊历久弥新

友情是一种急需真诚来积蓄的财富。得不到友谊的人将是终身可怜的孤独者；没有友情的社会也只是一片繁华的沙漠。人与人之间的友谊是把多数人的心灵结合在一起，这种可贵的联系，是最温柔甜蜜的。友谊需要真诚，真诚是架设在人心的桥梁，是沟通心灵的纽带，是振荡情感之波的琴弦。

交友贵在真诚。不管一个人的相貌、学历、出身如何，只有带着真诚的情感跟别人交往，才能赢得知心的朋友。只有充满真诚的言行，才能赢得别人的心，交到知心的朋友。

东汉时，曾有一位为人称赞的典范，他名叫荀巨伯。此人交朋友特别讲求诚挚，重视"义"字。有一天，荀巨伯正在房中闲坐，忽然外面有人送进一封书信。荀巨伯打开一看，是自己的远方朋友写来的。信中说："伯兄，别来无恙？愚弟自与兄相识，亦有几度春秋，心中感幸。古人云'人生得一知己足矣'，与君促膝而谈，共话世事短长，何其乐哉？奈何来去匆匆，聚时不易别时也难。千里之遥，遥不可闻，天涯咫尺，共祈明月……"无奈那日染病卧床，僵直难动，抬手举目亦是疲累，念去期之不远，恐弗能与君再会，心中愈感凄凉。此修书一封，只字片语无以尽述其意，唯兄知之。"

荀巨伯读完信，心中一颤，来不及多想，忙收拾东西，打好包裹上了路。朋友远在千里之外，荀巨伯星夜兼程，走了好几日，来到朋友所在的郡地时，却发现此地被胡人团团围住。

当时，随他同行的人都劝他说："最好还是别进去了，胡人蛮横，弄不好会丢掉性命的。"

他却什么也没有说，自顾前行，急急寻找朋友居处。

当朋友睁开微弱的双眼见到荀巨伯时，眼睛突然放出异彩，挣扎着想坐起来，荀巨伯赶紧伸出双手将他扶住，让他不要动。朋友望着风尘仆仆的荀巨伯，泪水在瘦削得不成样子的脸庞上滚动。喉间咕咕直响，却哽咽着说不出话来。荀巨伯握着友人枯瘦的手，望着瘦骨嶙峋的友人，也止不住掉下泪来。他凄声地说："愚兄应早早赶来才是，愚兄……"

朋友用细弱的声音说："胡人侵掠，怕是城池不保……你必须赶快想办法离开这里，我在临死之前能见君一面也就心满意足了……我……不愿让你因为我的拖累而遭到什么不幸，你快走……"

说着，他示意荀巨伯快去逃命，荀巨伯立刻真诚地说："你这是什么话？你把我当成什么人啦？你病成这样我怎能抛下你不管呢，那还算什么朋友？你未免太看扁我了。"

胡人很快破城而入，四处搜索，抢掠财物，但家家户户已是凌乱不堪，逃的逃，散的散，唯独有一户秩序井然。胡人进来后见院中一切都很平静，不觉生奇，破门而入，却见一人安然坐在屋中，他们进来后，那人只是看了他们一眼，随即又手端药碗给床上躺着的人喂药，这正是荀巨伯和他的朋友。

胡人当即火冒三丈，大发淫威："我大军所到之处，无不望风而逃，你是何人，竟如此大胆，轻视我等，莫非你要一个人挡住我勇武大军吗？"

荀巨伯将药碗放到床边的方桌上，站起来冲士兵们一抱拳，说："请你们不要误会，我也不是这里的人，我的家距此有千里之遥。我到这里来是为了看望这位病重的朋友，不想与贵军相遇。现在我的朋友病情很严重，危在旦夕，而由于贵军的到来，大家逃的逃，走的走，可怜我的朋友无人照料。我是他的朋友，理应在此照料，并非有意与你们作对。如果你们不肯放过我们，定要杀的话，我请求你们留下我的朋友，他是一个病人，要杀就杀了我吧！"

说着他将头向前一伸。胡人听完当即全都愣在那里，面面相觑，相视无语。半晌，一个头领说："想不到竟还有如此坚守道义的人，我们以不义之师侵道义之地，实乃罪过！"说着，冲其他人一挥手："走吧！"

古罗马的普拉图斯曾说过："在患难中结下的友谊是世界上最宝贵的东西。"荀巨伯真诚的言行不仅打动了挚友，甚至打动了野蛮的胡人，可见，真诚具有无与伦比的威力！

只有真情才能历久弥新，使友谊的芬芳越陈越香。如果你始终以同样的一颗赤子之心与人相处，还怕没有朋友吗？如此久而久之，你就是社交场合中最受欢迎的"名人"了。

言为心声，诚实比欺瞒更有力量

真诚最起码的要求是不说谎、不欺骗对方。人本能上喜欢说真话、听真话，说真话才能赢得人心。

说真话就是说话符合客观实际，言之有物，不隐瞒、不臆造，不说空话、大话，同时说话要符合真情实感，怎么想就怎么说，说话人所表达的，是他内心所想的，即"言为心声"，而不是心口不一或口是心非。说大话、说假话最终受害的只能是自己。

山东一家大理石厂投资从国外引进了一批比较先进的设备。投产后，第二年就形成了生产规模，当年实现了180万元的利润，成为当时全国石材行业的老大哥企业。这时候，从企业领导到一般工人都沾沾自喜，很有一种骄傲自满的情绪，致使这个全国最大的石材企业经营第二年就出现大滑坡，利润急剧下降，下降了80%。恰巧在这时候，国家建材局的一位领导前来视察工作，当时的矿长汇报工作时的第一句话就说："我们的企业全国居第一，全世界居第二！……"

听了那位矿长的话，局领导吃了一惊，接着就问："谁是世界第一呢？"

矿长显然没有料到对方会突然提出这么一个问题，一时张口结舌，答不上话来。

领导又问："你出过几次国？都去过哪些国家？"

矿长的额头上冒出了冷汗，结结巴巴地说："我……我去过一次日本……"

领导生气地说："你仅仅去过不生产石材的日本，连石材王国意大利的国门都没踏上，那你凭什么说你们企业居全世界第二呢？"

矿长的脸青一阵红一阵，站在那里不说话了。

这位矿长说话毫无根据，最终害了自己。

说真话既是一种品质，也是一种有效的说话方法，这种方法就叫做诚实取胜法。

有一位既平凡又普通的店员，在他40岁的那一年，突然对他长期以来强装笑脸、编造假话、吹嘘商品等招揽顾客的做法感到十分厌恶，他觉得这是一种痛苦的束缚。如今，他急欲摆脱这种束缚，以童叟无欺的态度面对顾客，他下定决心此后要向顾客讲真话，即使被解雇也在所不惜。有了这样的念头后，他顿时觉得轻松多了。

有一天，当第一个顾客进来询问有没有一种可折叠、调节高度的桌子时，他随即搬来了样品，如实地向顾客介绍了产品的结构状况。"坦白地说，这种桌子不怎么好，我常接到退货。"

"啊！"顾客说，"可是到处都看得见这种桌子，我以为它挺实用的。""也许吧！"店员说，"不过据我看，这种桌子不见得能升降自如，虽然它的款式新颖，但在结构上有些问题，我实在不想向您隐瞒它的缺点。"

"结构上有问题？"顾客追问了一句。

"是的，它的结构过于复杂、精巧，结果反而不够简便。"店员走近桌子，用脚去踩踏板，本来应该轻踩，店员却一脚狠狠地踏踩，只见桌面突然往上撑起，碰到了那个人的下巴。

"对不起，我不是故意的。"

顾客笑了，脸上甚至还表现出喜悦的神色。

"很好。"他说，"不过，我还得仔细看看。"

"不错，买东西不精心挑选，很容易吃亏的。你看这桌子的木料并非上乘，而且贴面胶合得很差，劝你还是别买的好。"

"好极了。"顾客十分兴奋，而且还出乎意料地买下了这张桌子，并且要求马上取货。

顾客一走，这位店员立即受到上司的训斥，并被告知他被"炒鱿鱼"了。

于是，这位店员开始动手整理东西，准备办理离职手续。这时，突然来了一群人，争相要看这种桌子，并说他们是刚才那位买桌子的人介绍来的。这样一下子就卖出了50张桌子，完成了一笔大买卖。此事惊动经理后，店员不仅没被辞退，经理还主动给他加薪，并把他如实介绍商品状况的做法引介给其他店员，要求其他店员仿效。

诚实比欺瞒更有力量。林肯曾经说："你能在所有的时候欺瞒某些人；也能在某些时候欺瞒所有的人，但你不能在所有的时候欺瞒所有的人。"所以，要想真正赢得人心，最好的方法就是说真话。

话语亲切，消除人与人心灵的隔阂

情真意切的话语可以融化坚冰，消除人与人心灵的隔阂，令人心悦诚服。缺乏真情，所说的话就会苍白无力、枯燥乏味。因此，在与人沟通时，真挚的情感和入情入理的说话方式是打动对方的关键。

一个小伙子因考学名落孙山而想自杀，村里的一位老汉这样劝他："如果都像你这么想，我早该死了！我都90岁了，一辈子光棍一条，但我心里还是热腾腾的，想多活几年！因为我觉得活着还是有意思的。我用这双手种过五谷、栽过树、修过路……我栽下一棵树时，心里就想，我死了，后人在那棵树上摘果子吃，他们就会说，这是以前村里的光棍老汉栽下的……"这位老汉的一番话，激起了小伙子生活下去的信心与希望。因为这种方式给人以推心置腹的平等感、亲切感和信任感，从而走进了对方的心里，让他接受了你的观点。

可见，在与人沟通时，如果能够使用情真意切、入情入理的语言诱导对方的心理或情感，就很容易使对方信服你所说的话。

在松下电器公司还是一家乡下小工厂时，作为公司老板的松下幸之助总是亲自出马推销产品。在碰到杀价高手时，松下幸之助就会说："我的工厂是家小厂。炎炎夏天，工人在炽热的铁板上加工制作产品。大家汗流浃背，却努力工作，好不容易制造出了产品，依照正常利润的计算方法，应当是每件××元承购。"对方一直盯着他的脸，听他叙述，听完之后展颜一笑说："哎呀，我可服你了，卖方在讨价还价的时候，总会说出种种不同的话，但是你说得很不一样，句句都在情理之上。好吧，我就照你说的买下来好啦。"

松下幸之助的成功，首先在于他真诚的态度。他强调自己是依照正常的利润计算方法确定价格的，自己并无贪图非分之财之意，他也同时暗示对方无讨价还价的余地。这就使对方调整角度，与其达成共识。他的语言充满情感。他描绘了工人劳作的艰辛，创业的艰难，语言朴素、形象、生动，语气真挚、自然，唤起了对方的切肤之感和深切同情。正如对方所说的，松下幸之助的话"句句都在情理之上"，这样，对方接受也就在情理之中了。

赢得忠诚，一句话收揽人心

人情话并不都是虚虚飘飘地闲扯淡，有的人情话并不是两嘴一开一闭就能说出来的，而是需要一种宽阔的胸襟和做大事的气度。所以在某些特定条件下，从某些特殊的人嘴里说出的一席人情话会让人觉得有千钧之重。

　　大家对《三国演义》中刘备摔孩子收买人心的一段情节耳熟能详，说的是赵云大战长坂坡，九死一生救出少主刘禅，当他从怀中把仍在熟睡中的刘禅抱给刘备时，刘备接过来，"掷之于地曰：'为汝这孺子，几损我一员大将。'"这句话可谓掷地有声，有十个赵云，其耿耿忠心也早被包圆了。果然，赵云"泣拜曰：'云虽肝脑涂地，不能报也。'"

　　豁不出孩子套不住狼，关键是豁出孩子。这话说起来容易做起来难，因为他要付出很大的牺牲。

　　作为领导者，身边没有一两个忠士是不行的。所以，领导者都习惯说一些收买人心的人情话来获得他人的忠诚。

　　秦穆公就很注意施恩布惠，收买民心。一次，他的一匹千里马驹跑掉了，结果被不知情的穷百姓逮住后杀掉美餐了一顿。官吏得知后，大惊失色，把吃了马肉的三百人都抓起来，准备处以极刑，秦穆公听到禀报后却说："君子不能为了牲畜而害人，算了，不要惩罚他们了，放他们走吧。而且，我听说过这么回事，吃过好马的肉却不喝点，是暴殄天物，而且对身体大有坏处。这样吧，再赐他们些酒，让他们走。"过了些年，晋国大举入侵，秦穆公率军抵抗。这时有三百勇士主动请缨，正是原来那群被秦穆公放掉的百姓。这三百人为了报恩，奋勇杀敌，不但救了秦穆公，而且帮助秦穆公捉住了晋惠公，大获全胜而归。

　　当然，有些人情话好像分量并不显得那么重，但因为是在特殊人物的嘴里说出来，尽管轻描淡写，却也能收到奇效。

　　一次，宋太宗在北陪园饮酒，臣子孔守正和王荣侍奉酒宴。二臣喝得酩酊大醉，互相争吵不休，失去了臣下的礼节。内侍奏请太宗将二人抓起来送吏部治罪，但是太宗派人送他们回了家。

第二天，他俩酒醒了，想起昨晚酒后在皇上面前失礼，十分后怕，一齐跪在金殿上向皇帝请罪。宋太宗微微一笑，说："昨晚，朕也喝醉了，记不得有这些事。"

宋太宗托辞说自己也醉了，不但没有丢失皇帝的体面，而且使这两个臣子今后也会自知警戒。

宋太宗装糊涂，既表现了大度，又收买了人心。

历代统治者中，蒋介石运用这种手段可以说达到了炉火纯青、登峰造极的程度。

1949年，渡江战役前夕，国民党长江防务业已崩溃之际，蒋介石仍贼心不死，妄想以长江天险负隅顽抗。他亲自到长江前线去督战视察。当他视察到一个坚守所时，这里的官兵正在闹哄哄地打牌。见蒋介石突然驾临，个个吓得呆若木鸡，心想必死无疑。出乎这帮官兵的意料。蒋介石不但没有责备他们，没有借此整饬军纪，以儆效尤，反而招呼他们坐下，陪他们再玩一会儿。众人不知蒋葫芦里卖的什么药，又胆战心惊坐在牌桌前，大气不敢出地陪蒋出牌。其结果自然是蒋赢了。蒋站起身，扔下一句："打仗，我不行；打牌，你们不行！"就转身扬长而去。那几个官兵如梦初醒，竟然不相信自己死里逃生，赶紧抱着脑袋回到各自的防务。老狐狸蒋介石的这一招果然奏效，那几个官兵，为了报答蒋介石的不杀之恩，竟誓死坚守阵地，顽抗到底，最后都做了蒋介石的"替死鬼"。

蒋介石很懂得利用人情世故收买人心，他对属下的字号、生辰八字、籍贯记得滚瓜烂熟，很善于利用别人的生日大作文章，使部属每每感到受宠若惊。他为了掌握下属的情况，专门搞了一本小册子，记着师级以上官员的字号、籍贯、生日、喜好、亲戚等一些基本情况。少将以上的官员他都要请到家里吃饭，饭后总要合一张影作为留念。这些做法无疑大大抬举了属下的身价。

雷万霆在调任他职时，蒋介石召见了他，并说："令堂大人比我小两岁，快过甲子华诞了吧？"雷万霆一听，眼泪都快下来了，激动地说："总统日理万机，还记着生母的生日！"蒋介石宽慰他说："你放心地去吧，到时我会去看望她老人家，为她老人家增福添寿的。"雷万霆看到蒋介石如此器重、关心和赏识自己，自然死心塌地地为蒋卖命。

还有一次，蒋介石的头号秘书陈布雷过 50 岁生日。陈布雷是一个既不爱官又不贪财的知识分子，对待这种人，蒋介石也有自己的手段。在陈布雷过生日的当天，蒋介石为他写了"宁静致远，淡泊明志"八个字，并附记："战时无以祝寿，特书联语以赠，略表向慕之意也。"

这样几个字，成了陈布雷最好的生日礼物。正是这种意想不到的关心体贴抓住了陈布雷的心，他决心侍奉蒋介石终生，最后在极度失望中自杀，弃暗却不肯投明，也可以称作蒋介石的铁杆追随者了。

平常人说话办事也应该这样，因为只有这样才能充分赢得人心。

这是一个"洋老板"关心体贴中国雇员的故事：广州一个叫李度的人，应聘进了一家合资饭店。李度的妻子分娩那天，他向洋老板请假半天，老板得知其请假的缘由后，再三表示，不必担心目前工作多人手少的问题，可以多放几天假，回家陪陪太太和儿子。一次，李度的妻子和儿子均生病住院，过度的劳累致使李度在工作时间内睡着了，洋老板为此十分生气，叫其卷铺盖回家。而当他得知李度睡觉的原因后，则自责不已："我脾气不好，请您原谅我。"他"命令"李度立刻放下所有的工作回家料理家务，照顾妻儿。三天后，李度来饭店工作时，洋老板送给他一辆漂亮的童车，唯恐其不接受，还撒谎说："这车是朋友送给我的，现转送给您，节假日里，希望您携妻子一道，用这辆车带孩子出去玩玩，并请接受我这个英国老头子对您全家的良好祝愿。"李度闻之早已泪水盈眶。自此，他与洋老板的关系越处越好，工作中则更是"死心塌地"地干。

大人物也好，小人物也好，这种让人从心里感动的人情话都应该多说，这样会给自己的人际关系创造一个良好的氛围。

安慰到位，让对方感受你的温暖

同情心是人与人之间最珍贵的礼物。人如果没有同情心，世界是多么冷酷。而我们对这个世界充满了希望，充满了温情，就因有同情心能给予我们安慰，在我们遭遇挫折或不幸时，得到别人给我们的鼓励和安慰，我们才能忘记痛苦，继续努力。

我们时常得到别人的安慰，同样去安慰别人也是我们应尽的义务。可是怎样安慰呢？

一个朋友生病了，你到医院或他家里看他。你也许会说："安心休养一段时间吧，你不久一定会康复的。"你大概以为这一定是最适当的安慰语了吧！但按照谈话的艺术看来，这句话不过是一种友善的祝福，却不能算是安慰。

"静静地休养一段时间吧，你不久一定会康复的。"如果这句话可以当做安慰，那么除非是出自医生的口中。除了医生，病人是无法从任何人口里听到这话而感到安慰的，如果你单说这句话，在安慰人上来说，是毫无效果的。

如果你的朋友虽然不能走路，但却有谈话的精力，那么你去探病不一定得说安慰话。因为那些话也许听得太厌烦了。病榻的生活是最枯燥的，和他说说外头有趣的新闻、一些幽默的话题吧！让他从你的探病中得到快乐，这就是给他最大的安慰，他会乐于反复回想的。

绝不要啰唆地直接问病人关于他详细的病症和调养方法，他也许已经对别人说过不下100次了，为什么你还要麻烦他呢？关于这些事情，还是问他的家人吧，不要以为直接问病人是表示你的关心，其实这根本就是骚扰。

假如你一定要说几句安慰的话，那么，就不要装成你怜悯他的样子。有几个人会接受别人的怜悯呢？因为你越怜悯他，越使他觉得自己的疾病是一种莫大的悲哀。所以我们要用相反的方法。有一次，彼得生了一场小病，躺在床上不能起来，一个朋友来看他，才刚见面就说："你多么幸运啊，我也想生点小病，好让我也能安静地躺在床上休息几天。"听了这话，彼得想起每天忙碌而繁重的工作，不觉就为自己的小病能暂时摆脱工作而暗自庆幸起来。彼得朋友的几句话，竟使他觉得生病是幸福的。

在日常生活里，需要安慰别人的机会很多。当一个朋友受不了沉重的压力而哭了起来，你不要立刻过去劝他不要哭，这是不能解除他的悲伤的。让他好好地哭一会儿吧，当他的感情找到了宣泄的管道以后，你几句勉励的话必胜过千百句劝他不要哭的话。

对别人的不幸表示同情，也能给别人安慰。"这算得了什么呢？何必为这苦恼呢？"如果你仅能说这两句，而不能进一步解释为什么这算不得什么，那么你还是不说为佳。

最巧妙的安慰方法是在安慰中包含着鼓励的成分。有一次，吉布提向一位朋友诉苦，说他历经十年的笔墨生涯，至今还无力去购置一张宽大的书桌，使他能舒适地工作。吉布提的朋友听了，却安静地说了一句比单纯的同情更为诚挚的话，他说，世界上的伟大杰作都是从小书桌产生的。这寥寥几字，使吉布提立刻觉得无限的安慰，这使吉布提不再因书桌狭小而沮丧，还暗示吉布提的未来有着无穷的希望，也许会完成一部不朽的著作。吉布提至今还认为这是他所听到过的最好的一句安慰话。

第六章

会说比会做更给力：
短时间内求人办事成功的技巧

曲径通幽，开口求人尽量委婉一些

曲径通幽，就是对话时不直截了当，而是曲曲折折地表达内容，让对方在回味中理解你要说的意思。

迂回曲折并不等于含糊，那种头绪复杂、枝节丛生、使人难以作答的问题，应该避免。比如记者在出发采访之前，应该先做些准备，包括看文件、查资料、阅读别人有关的报道、列出采访提纲等，使自己心中有数。也可以把谈话的范围、题目先告诉对方，使对方心中有数。不过，记者的这种方式，应委婉地提出，千万不要使对方谈话受这个要求的限制，产生只能这么谈、不能那么谈的感觉。因此，在说话时要做到：

1. 语气委婉含蓄

表达求人意愿的首要之点，是在委婉。

当代社会人际交往的节奏加快了，所以我们大可不必像林语堂所说，求人要绕那么大的弯子。在套交情阶段一过，为张口求人做好了铺垫之后，就可以直接进入进攻阶段：提出你的要求。

孙犁在《荷花淀》中这样描写几位妇女："女人们到底有些藕断丝连。过了两天，四个青年妇女聚在水生家里来，大家商量。'听说他们还在这里没走。我不拖尾巴，可是忘下了一件衣裳。''我有句要紧的话得和他说。''我本来不想去，可是俺婆婆非叫我再去看看他——有什么看头啊！'"

这几个青年妇女的丈夫都参军走了，她们的共同心理是非常想念自己的丈夫，都想去驻地探望一下。但是，由于害羞，不好当着别人的面说出来，就各找一个借口来表达本意，仿佛到驻地去理由是充分的，非去不可。这就委婉地说出了自己的意愿。

这种假借他人之口的表达方式，常常是从侧面切入，暗中点明自己要说的最主要的意思。

委婉的语言表达了求助者一种谦和的态度。这种情感必须是真诚的，在表现上是庄重的，既要讲究礼貌，又要注意分寸。过分狂热肉麻的话只能令人腻烦，过于冰冷的话又令人感到冷漠。

委婉语言的连用体现了对对方的尊重，对别人尊重的同时也体现了对自己的尊重。它能体现出一个人的知识素养和处世态度。一个斤斤计较、心胸狭小的人是很难做到宽容大度地连用委婉语言的。宽容是一种美德，委婉的语言是这种美德的外在表现。

委婉与隐晦、含混是有区别的。它虽然不是直白地说出来，但仍要求表意明确，叫听者脑子一转就能明白，或依靠语境的提示、暗示等很快领会本意。

表达的意思是明确的，语言的表达是迂回的，有些人说话吞吞吐吐，词不达意，是说话者本身思维不清晰；有些拐弯抹角、含沙射影，首尾两端，是说话者的心术不正。好的委婉语言，应当是隐而不晦、柔而不弱，闪而不避、曲而不涩。用这种语言表达的含意可能会比直接表达给人的印象要深刻。

2. 尴尬话题巧开口

开口求人毕竟是件难为情的事，不像喝口水、吐口唾沫一般轻松。搞不好，很容易造成尴尬的局面。

对于容易造成尴尬局面的话题，有些人往往是避而不谈。但一味消极逃避未必是最佳选择，况且有些事情关系重大，无法逃避，这时就不得不面对，这就必须讲究策略，使尴尬话题巧开口。

（1）近话远说

如果把两个人面对面地置于一个尴尬场面中，却又不留回旋的余地，显然是不适宜的。近话远说就是人为地拉开话题与现场之间的距离，给双方留下一个缓行带。

（2）实话虚说

做老实人说老实话，应是为人的一条准则，但直脾气未必处处受欢迎，特别有时连自己也不明白要说的是不是实话，那该怎么办呢？

李某刚刚托好朋友张局长为自己办件事，忽然听说他被捕"进去了"的传闻，又不知真假，就到张家探望。确实只有局长夫人在家，满脸愁容。李某开口道："老张到底是怎么回事？"果然张夫人长叹一声："唉！胃病又犯了，昨天送的医院……"

原来如此！如果李某如实询问张局长是否真的被捕了，那场面如何？李某是这样设想的；如果张局长真的被捕了，其夫人自然会实情相告；如果张局长一切平安，她会莫名其妙地反问："什么怎么回事？"他则可转而掩饰："听说他想调动？干得好好的，又何必……"虚虚实实，转换自如，毫不唐突。

（3）庄话谐说

轻松幽默的话题，往往能引起人感情上的愉悦；庄重严肃的话题会使人紧张慎重。只要有可能，最好能把庄重严肃的话题用轻松幽默的形式说出来，这样对方可能更容易接受。

在当今，谁都希望自己有一个高工资、高职务。可如果向老板公开提出加薪或升职要求，是不是有点太尴尬？

一个青年打工者成功地克服了这一点，为我们作出了示范。

他们在一家外资企业打工，在较短的时间内，连续两次提出合理化建议，使生产成本分别下降30%和20%。大鼻子老板非常高兴，对他说："小伙子，好好干，我不会亏待你的。"

这青年当然知道这句话可能意义重大，也可能一文不值。他想要点实在的，便轻松一笑，说："我想你会把这句话放到我的薪水袋里面。"洋老板会心一笑，爽快应道："会的，一定会的。"不久他就获得了一个大红包和加薪奖励！

面对老板的鼓励，青年人如果不是这样俏皮，而是坐下来认真严肃地提出加薪要求，并摆出理由若干条，岂不太煞风景，甚至有可能适得其反。

（4）己话他说

尴尬与否，有时是相对的，而不是相互的。同一句话，对方说出来可以自然而然。这时诱导对方先开口则无疑是上上之策。

王某准备借助于好友赵某的路子做生意，可就在他将一笔巨款交给赵某的第二天，赵某暴病身亡。王某立刻陷入了两难境地：若开口追款，太刺激人；若不提此事，自己的局面又难以支撑。

帮忙料理完后事，王某是这样对赵夫人说的："真没想到赵哥走得这么早，我们的合作才开始呢。这样吧嫂子：赵哥的那些关系户你也认识，你就出面把这笔生意继续做下去吧！需要我跑跑腿的时候尽管说，吃苦花力气的事情我不怕。你看困难大吗？要干的话，早一天好一天。"

看他，丝毫没有追款的意思，却还豪气冲天，义气感人，其实他明知赵妻没有能力也没有心思干下去。话中又加上巧妙的提醒：我只能跑腿花力气，却不熟那些门路；困难不小还又时不我待。

结果呢？赵妻反过来安慰他道："这次出事让你生意上受损失了，我也没法干下去，你还是把钱拿回去再找机会吧。"

先套交情，良好的氛围好办事

求人办事的初始阶段，其实就是与人沟通感情的交际阶段。在交际中寻找共同点的说话术，俗称"套交情"，也叫"名片效应"或"认同术"。认同是交际中与陌生人、尊长、上司等沟通情感的有效方式。

认同，是要在交际双方的经历、志趣、追求、爱好等方面寻找共同点，诱发共同语言，为交际创造一个良好的氛围，进而赢得对方的支持与合作。

外交史上有一则逸事：一位日本议员去见埃及总统纳赛尔，由于两人的性格、经历、生活情趣、政治抱负相去甚远，总统对这位日本议员不大感兴趣。日本议员为了不辱使命，搞好与埃及当局的关系，会见前进行了多方面的分析，最后决定以套交情的方式打动纳赛尔，达到会谈的目的。下面是双方的谈话：

议员：阁下，尼罗河与纳赛尔，在我们日本是妇孺皆知的。我与其称阁下为总统，不如称您为上校吧！因为我也曾是军人。也和您一样，跟英国人打过仗。

纳赛尔：唔……

议员：英国人骂您是"尼罗河的希特勒"，他们也骂我是"马来西亚之虎"，我读过阁下的《革命哲学》，曾把它同希特勒《我的奋斗》做比较，发现希特勒是实力至上的，而阁下则充满幽默感。

纳赛尔：呵，我所写的那本书，是革命之后三个月匆匆写成的。你说得对，我除了实力之外，还注重人情味。

议员：对呀！我们军人也需要人情。我在马来西亚作战时，一把短刀从不离身，目的不在杀人，而是保卫自己。阿拉伯人现在为独立而战，也正是为了防卫，如同我那时的短刀一样。

纳赛尔：阁下说得真好，以后欢迎你每年来一次。

此时，日本议员顺势转入正题，开始谈两国的关系与贸易，并愉快地合影留念。日本人的套交情策略产生了奇效。

在这段会谈的"开场白"中，日本议员先后五处使用认同术，终于使纳赛尔由"不感兴趣"到"十分兴奋"而至"大喜"，可见日本人套交情的功夫不浅。

一开始，日本人把总统称作上校，降了对方不少级别；挨过英国人的骂，按说也不是什么光彩的事，但对于军人出身，崇尚武力，并获得自由独立战争胜利的纳赛尔听来，却颇有荣耀感；没有希特勒的实力与手腕，没有幽默感与人情味，自己又何以能从上校到总统呢？接下来日本人又读过他的《革命哲学》，称赞他的实力与人情味，并进一步赞颂了阿拉伯战争的正义性。这不但准确地刺激了纳赛尔的"兴奋点"，而且百分之百地迎合了他的口味，使日本人的话收到了预想的奇效。

这位日本议员的成功，给我们的启示意义重大。首要一点，就是不能打无准备之仗，有备而来，才能套得交情，并且套得牢靠。

找个理由，激发对方高尚的动机

每个人都是自己内心的理想家，都把自己看得很高尚，都喜欢给自己的行为动机赋予一种良好的解释。因此，与人相处时要改变一个人的意志，就要激发他高尚的动机。

银行家培庞·摩根在他的一篇文章中说：人会做一件事，都有两种理由存在。一种是看起来很好，一种是的确很好。

人们会时常想到那个真实的理由，而我们都是自己内心的理想家，较喜欢有高尚的动机。所以，要改变一个人的意志，需要激发他高尚的动机。

汉密尔顿的法瑞有一个很挑剔的房客，扬言要搬离他的公寓。但这房客的租约，尚有4个月才期满，每个月的租金是55元，可是他却声称立即就要搬，不管租约那回事。

这个房客，已在法瑞这里住了一个冬季。如果搬走的话，在这个秋季前这房子是不容易租出去的。眼看220元就要从口袋飞走了，法瑞实在是着急。如在以前，法瑞一定找那个房客，要他把租约重念一遍，并向他指出，如果现在搬走，那4个月的租金，仍须全部付清。

可是，这次法瑞只是向他这样说："先生，听说你准备搬家，可是我不相信那是真的。我从多方面的经验来推断，我看出你是一位说话有信用的人，而且我可以跟自己打赌，你就是这样的一个人。"

房客静静地听着，没有作任何表示，接着法瑞提了个建议，让房客将他所决定的事，先暂时搁在一边，不妨再考虑一下。并给了他充裕的时间，如果到时候还是决定要搬的话，法瑞说他将会接受他的要求。

最后，法瑞一再强调他相信对方是个讲信用的人，会遵守自己的租约。

事情果然不出法瑞所料，到了下个月，这位先生自己来见他，并且付了房租。并说，这件事已经跟他太太商量过，他们都认为至少应该住到期满。

已故的洛史克力夫爵士发现一份报纸上刊登出一张他不愿意刊登的相片，他就写了一封信给那家报社的编辑。他那封信上没有这样说："请勿再刊登我那张照片，因为我不喜欢。"他想激起高尚的动机，他知道每个人都尊敬自己的母亲，所以他在那封信上，换上另外一种口气说："由于家母不喜欢那张照片，所以贵报以后请勿刊登出来。"

当约翰·洛克菲勒要阻止摄影记者拍他子女的照片时，便想起一个人人都不愿伤害儿童的高尚动机。他对记者们这样说："诸位，我相信你们之中有很多是孩子们的爸爸，如果让孩子们成了新闻人物，那并不是适宜的。"

柯狄斯本来是梅恩州一个贫苦人家的孩子，后来成为《星期六晚报》和《妇女家庭杂志》的负责人，赚了几百万元。他创业之初，不能像别家的报纸杂志一样，付出高价买稿子。他没有能力聘请国内一流作家替他执笔撰稿，可是，他运用了人们高尚的动机。

例如，他会请《小妇人》的作家奥尔克特为他撰写稿子，而且当时是她声望最高的时候。柯狄斯所使用的方法很特殊，他签了一张100元的支票，他不是把支票给奥尔克特，而是捐助给了她最喜欢的一个慈善机构。

或许有人会怀疑说："以这种手法，用在洛史克力夫、约翰·洛克菲勒和富于情感的小说家身上，或许会有效。可是，朋友，你这种方法，如果用在那些难缠的人身上，是不是一样有效？"

不错，没有一样东西能在任何情形下产生同样的效果；没有一样东西，能在所有人身上都发生效力。如果你满意你现在所得到的结果，那又何必再改变呢？假如你认为不满意的话，那就不妨试验一下。

信别人就是信自己，这是推己及人的道理，信任不值得信任的人，会改变这个人，使他值得信任；信任值得信任的人，会使这个人更加值得信任。

死咬不放，不达目的不罢休

"咬定青山不放松"是针对对方表现出的犹豫、为难，甚至提出拒绝的理由，左右逢源，一一化解，直至接受你的要求。

关于这个"咬"字，有位中学校长有过很深的体会，下面就把他的"咬人"经验介绍给诸位。他说：

我们学校是一所乡级中学，依附性比较大，我作为学校的负责人，常得求上级督导办事，且学校的事情大多是些麻烦事。过往经历中，督导热忱办事的确也遇到一些，但婉言回避的也不乏其例，更有甚者给你吃"闭门羹"也不足为怪，为了提高这方面的办事效率，我特别在"咬"字上费了一番心思，一般都能按计划完成。归纳起来，"咬"法有四。

1. 一口一口地咬

说得文雅些，叫做逼进法。就是事先设计好交谈的语势，堵住对方说话的退路，使对方诚恳地接受你的请求。

记得有一次，我们学校针对学生流失严重的现象，计划开家长大会，会上需要请书记出面。我事先找到了书记，说："书记，我就学校工作向您汇报一下……其中我校一个最突出的问题，就是学生流失严重，这对于九年义务教育势必带来不良影响。"

书记接着说："是啊，这个问题不可忽视，应该很好地抓一抓。"

我便趁势说："所以，我们学校打算马上召开家长会，想请您在会上做指示。"

说完，书记考虑片刻，便欣然答应了。后来据他透露，他已经有约在先，只是这事他不便推却，只得舍彼求此了。

2. 撮起嘴巴咬

说得文雅些，叫做圆场法。要求在对话当中，善于抓住对方犹豫不决的心理，见机说话；为他们打好圆场，使之自圆其说。

有一次我们学校迫切需要解决校舍维修经费，我选择乡长、书记在一起的时候，将报告递呈了他们。

书记看了报告说："这你找乡长就可以了，他主管财政。"乡长看了报告是这样说的："只要书记表个态，我没啥说的。"

细加揣摩，我发现他们俩的谈话中，有一种推让的味道，于是我便从中打了圆场："这样看来，两位长官没有什么异议了，那就请两位签上大名吧。"当即他们就批了报告拍了板。

3. 亮出牙齿咬

说得文雅一些，叫做启悟法。这主要是指办事过程中出现了障碍，运用合理的语言，使对方从中领悟到其中的利害。现在脑子里还留有这样一个场面：

为了学校扩班添置桌椅的事找主管交涉，起初，他一口回绝，给了我一个"钉子"，情急中，我说了这样一句话："既然您不能解决，我只好找上面求援了。"

没想到这句话竟引起了这位主管的注意，可以猜测这位主管当时的心理活动，他是怕上级主管"说"他。僵局很快被扭转了，这位主管也换了口气："这点小事，没必要去找上面，让我想想办法。"没多久，这位主管果然想出了好办法。

4. 舔一口再咬

说得文雅一些，叫做迂回法。其特点是，"王顾左右而言他"，逐步切入正题，先造成一种和谐轻松的氛围，消除对方的心理障碍，以达到预期的目的。

我曾作过尝试，一次碰上学校与社会发生了纠纷，亟待有关主管出面处理。登门拜访时，我先就已往的事情聊了起来。"过去很多事情，承蒙您对学校加以关照，老师们非常感谢。"对方说："分内之事，不值一提。""经常打扰麻烦，确实不好意思。"对方说："如果我没猜错的话，你这次是无事不登三宝殿。"我便顺势将话扯入了正题，交代了此行的目的，尽管这个问题的处理比较棘手，但这位官员还是愉快地接受了下来。

类似的例子很多，如美国的哲学家、诗人爱默生有一天同他的儿子一起想把一头小牛赶进牛栏。但他们犯了一个普通的错误，他们只想到自己的愿望，爱默生在后面推小牛，但小牛也有自己愿望，它两只前腿撑在地上，硬是不照他们父子的愿望行动。小牛又没有穿鼻绳，它顽固地不肯离开牧地。他们家的爱尔兰籍女佣见到这种情景觉得好笑，她充分理解小牛的愿望。她刚才在厨房干活，手指头上有盐味儿，于是，她像母牛喂奶似的，把有咸味的手伸进小牛的嘴里，让它吮着走进了牛栏。

动物都有自己的愿望，更何况人呢！不了解对方的意愿，光想自己，怎么能使他愿意去做这件事呢？

在求人的相持阶段，对方可能提出一大堆理由来搪塞或拒绝。这是一场智力、耐力和嘴上功夫的拉锯战。有时，正面强攻不下，不妨试着换一个角度，站在对方的立场上，从对方身上找到不得不帮你的突破口。

美国口才大王卡耐基的一次经历，可以作为游说的典范，他是这样请求一家旅馆经理打消增加租金的念头的：

我每季均要在纽约的某家大旅馆租用大礼堂二十个晚上，用以讲授社交训练课程。

有一季，我刚开始授课时，忽然接到通知，要我付比原来多三倍的租金。而这个消息到来以前，入场券已经印好，而且早已经发出去了，其他准备开课的事宜都已办妥。

很自然，我要去交涉。怎样才能交涉成功呢？他们感兴趣的是他们想要的东西。两天以后，我去找经理。

"我接到你们的通知时，有点震惊。"我说，"不过这不怪你，假如我处在你的地位，或许也会写出同样的通知。你是这家旅馆的经理，你的责任是让旅馆尽可能多赢利。你不这么做的话，你的经理职位恐难保住。假如你坚持要增加租金，那么，让我们来合计一下，这样对你有利还是不利。"

"先讲有利的一面。"我说，"大礼堂不出租给讲课的而是出租给办舞会、晚会的，那你可以获大利了。因为举行这一类活动的时间不长，他们能一次付出很高的租金，比我这租金当然要多得多。租给我，显然你吃大亏了。"

"现在，来考虑一下'不利'的一面。首先，你增加我的租金，却是降低了收入。因为实际上等于你把我撵跑了。由于我付不起你所要的租金，我势必再找别的地方举办训练班。"

"还有一件对你不利的事实。这个训练班将吸取成千的有文化、受过教育的中上层管理人员到你的旅馆来听课，对你来说，这难道不是不花钱的活广告，你不可能邀请这么多人亲自到你的旅馆来参观，可我的训练班给你邀请来了。这难道不合算吗？"

讲完后，我告辞了："请仔细考虑后再答复我。"最后经理让步了。

这里我要提醒你注意，我获得成功的过程中，没有谈到一句关于我要什么的话，我是站在他的角度想问题的。

可以设想，如果我气势汹汹地跑进经理办公室，提高嗓门叫道："这是什么意思！你知道我把入场券印好了，而且都已发出，开课的准备也已全部就绪了，你却要增加300％的租金，你不是存心整人吗？300％！好大的口气！你疯了！我才不付哩！"

想想，那该又是怎样的局面呢？大争大吵，必然炸锅了，你会知道争吵的必然结果：即使我能够说得过他，他的自尊心也很难使他认错而收回原意。

汽车大王福特说过一句话：假如有什么成功的秘诀的话，就是设身处地替别人想想，了解别人的态度和观点。

求人办事时不要只站在自己的一边去想去求，更应该站在对方的立场上想，如果我是他，我怎么样才有兴趣帮他办事？我为什么帮他办事？

借人之力，拉大旗做虎皮

在求人办事的时候，说话有没有分量，有时候要首先看你的身份。如果想方设法借别人的大名，话里话外能拉大旗做虎皮，话既好说，事也好办。

1937 年夏，作为中国国民政府特使团团长的孔祥熙赴英国庆祝英王加冕典礼，孔祥熙为了博得英国皇室的青睐，自称是圣人孔丘的嫡系后代。其实，在山东曲阜孔氏八房的孔氏家族保存两千年的孔氏家谱中，并没有这支世系。孔祥熙曾拉拢当时提任黄河水利委员会委员长、山东曲阜孔氏八房的孔祥榕和孔丘的奉祀官"衍圣公"孔德成，在重修孔氏家谱时将他补续上去。又把太谷县孔家的家谱改头换面，推溯到明末清初，说是李自成率领农民起义时，有一房孔氏家族搬迁到山西太谷县落户，才有他家这一支系。

孔祥熙自称是曲阜纸坊村人，于 1930 年曾出资两千元在纸坊村里建立了家庙。同时为了证实自己的身世，他经常在谈话或讲演中，夹上几句《论语》、《孟子》，表示博雅。

这次孔祥熙率领国民党政府特使团到英国时，就宣称自己是第 75 世"孔丘公爵"。他曾大言不惭地对人说，他当时受到英国皇室的隆重接待，不是因为他是中国的特使，而是因为他是世界上最古老的贵族世家子孙"孔丘公爵"。

靠"借名"成事绝不是孔祥熙的发明，这种说话技巧古已有之。

清政府的官场中历来靠后台，走后门，求人写推荐信。军机大臣左宗棠从来不给人写推荐信，他说："一个人只要有本事，自然有人用他。"左宗棠有个知己好友的儿子，名叫黄兰阶，在福建候补知县多年也没候到实缺。他见别人都有大官写推荐信，想到父亲生前与左宗棠很要好，就跑到北京来找左宗棠。左宗棠见了故人之子，十分客气，但当黄兰阶一提出想让他写推荐信给福建总督时，登时就变了脸，几句话就将黄兰阶打发走了。

黄兰阶又气又恨，离开左相府，就闲踱到琉璃厂看书画散心。忽然，他见到一个小店老板学写左宗棠的字体，十分逼真，心中一动，想出一条妙计。他让店主写了柄扇子，落了款，得意扬扬地摇回福州。

这天，是参见总督的日子，黄兰阶手摇纸扇，径直走到总督堂上，总督见了很奇怪，问："外面很热吗？都立秋了，老兄还拿扇子摇个不停。"

黄兰阶把扇子一晃："不瞒大帅说，外边天气并不太热，只是我这柄扇是我此次进京，左宗棠大人亲送的，所以舍不得放手。"

总督吃了一惊，心想：我以为这姓黄的没有后台，所以候补几年也没任命他实缺，不想他却有这么大后台。左宗棠天天跟皇上见面，他若恨我，只消在皇上面前说个一句半句，我可就吃不住了。总督要过黄兰阶的扇子仔细察看，确系左宗堂笔迹，一点不差。他将扇子还与黄兰阶，闷闷不乐地回到后堂，找到师爷商议此事，第二天就给黄兰阶挂牌任了知县。

黄兰阶不几年就升到四品道台。总督一次进京，见了左宗棠，讨好地说："宗棠大人故友之子黄兰阶，如今在敝省当了道台了。"

左宗棠笑道："是嘛！那次他来找我，我就对他说：'只要有本事，自有识货人。'老兄就很识才嘛！"

黄兰阶能够官拜道台，是以左宗棠这个大贵人为背景，让总督这个小贵人给他升了官，实在是棋高一着的鬼点子。当然，欺世盗名、瞒天过海，是应该遭受谴责的，清政府的官场腐败也令人惊诧而痛恨。

单从借力的角度，为自己寻求一些贵人作为背景，从而使自己尽快得到提拔，英雄有用武之地，却是很值得研究的。

这不是教人学坏，现实生活中也确实有这种问题存在。比如：现实生活中，我们常有这样的经验，求一些有地位、有名望的亲戚为自己办事，亲戚碍于身份，不好直接出面，但我们打着他的大旗，去求别人办事，因为别人也知道"是亲三分向"的道理，知道间接溜须拍马的人情世故，所以常会给一些面子的。

借自己有权势的亲戚面子，往自己脸上贴金，抬高自己的身价，到别人面前讨便宜，实在是棋高一着的点子，这样做，亲戚不会损失什么。即使栽个跟头，露了馅儿，亲戚也不好怎么样。有些爱慕虚荣之人，无亲戚可借光，就凭空拽一位"名人"冒充亲戚，大演"空城计"，也蒙得了一些人信任。但此招有招摇撞骗之嫌，这样做须慎之又慎。

顺便提起，让对方不知不觉答应下来

有时候，开口就把所求之事告诉对方，一旦被回绝，便没有了回旋的余地。不妨尝试着用"顺便提起"的说话技巧，好像不经意间说出来，让对方不知不觉中答应下来。

美国《纽约日报》总编辑雷特身边缺少一位精明干练的助理，他把目光瞄准了年轻的约翰。他需要约翰帮助自己成名，帮助自己成为这家大报的成功出版家。而当时约翰刚从西班牙首都马德里卸除外交官职，正准备回到家乡伊利诺伊州从事律师业。

雷特请他到联盟俱乐部吃饭。饭后，他提议请约翰到报社去玩玩。从许多电讯中间，他找到了一条重要消息。那时恰巧国外新闻的编辑不在，于是他对约翰说："请坐下来，为明天的报纸写一段关于这消息的社论吧。"约翰自然无法拒绝，于是提起笔来就做。社论写得很棒，格里莱看后很赞赏，于是雷特请他再帮忙顶一个星期、一个月，渐渐地干脆让他担任这一职务。约翰就这样在不知不觉中就放弃了回家乡做律师的计划，而留在纽约做新闻记者了。

由此可以得出一条求人办事儿的规律：央求不如婉求，劝导不如诱导。

在运用这一策略的时候，要注意的是：诱导别人参与自己的事业的时候，应当首先引起别人的兴趣。

当你要诱导别人去做一些很容易的事情时，先得给他一点小胜利。当你要诱导别人做一件重大的事情时，你最好给他一个强烈刺激，使他对做这件事有一个要求成功的希望。在此情形下，他的自尊心被激发起来，他被一种渴望成功的意识刺激着，于是，他就会很高兴地为了愉快的经验再尝试一下。

凡是领袖人物，都懂得这是使人合作的重要策略。但有的时候，常常要费许多心机才能运用这个策略，有时候又很顺当。像雷特猎获约翰一例，他只是稍许做了些安排。

总之，要引起别人对你的计划的热心参与，必须先诱导他们尝试一下，可能的话，不妨使他们先从做一点容易的事儿入手，这些容易成功的事情，在他们看来，往往是一种令人兴奋的真正的成功。

实际上，这种说话技巧在中国传统智慧中并不少见。

东北军阀张作霖喜欢搓麻将，在玩牌中，发生过一件趣事。

有一个政客，想在东北谋一个差使，曾经请了个有势力的大老板把他推荐给张作霖，张也表示同意委以重任。可一等再等，委任状迟迟不下来，急得那个政客像热锅上的蚂蚁。

说来也巧，他有一次遇到了一位旧友，此人正好是张作霖的顾问。这位政客把自己的处境告诉了他，请求他催催张作霖。

哪知那顾问一个劲儿摇头："不好办啊！你既有人推荐了，我再为你去说情，好像是追问他一般。他本是个多疑的人，便会想到你为什么如此迫不及待地要在他那里谋事。本来也许会给你个差使，这样一来，非但不给，搞不好还会招来祸殃呢！"

不过，顾问到底是顾问。他见政客一脸的失望，竟也为朋友想出条主意：

"我想到一计，老头子近来很高兴打牌，我们就借某总长家里，请人来吃饭打牌。打牌时你也来，你是打麻将的老手，每次是包赢不输。这回你只许输，不许赢。不妨连自己的底也输光，一定要让老头子赢得满意。到那时候，我自有妙计。"

到了约定的那天，在某总长家里，由那位顾问出面请张作霖吃饭。酒饭这后，拉出桌子来作方阵之战。

一切照顾问的计划进行，这天，张作霖的牌风可顺呢！要什么牌就来什么牌，要吃有吃，要碰有碰，要做庄就连庄。他高兴得一个劲儿地乐！

那政客真不愧是打麻将的能手，张作霖手中的十三张牌他摸得透透的。知道张在等和了，就拆了搭子给他和满贯。十二圈牌打下来，一结算，那政客输了2000元，张作霖赢了1800元。

1800元在张作霖眼里根本算不了什么，可他这次却玩得十分开心得意，自然以为牌摸得好，运气也好！那政客开了支票，付了赌款，匆匆去了。

打过牌后，张作霖要吸筒烟提神，那顾问就陪在一旁烧烟。两人边吸边聊，顾问捧他："大帅，您这牌可打得太棒了！"

张作霖吸了口烟，笑道：

"哪里，碰运气罢了！"

那顾问话锋一转：

"今天那一位可输苦了！他也不是个富有的人，这次到北京来，是想谋一个差事的。"

张作霖听了把烟枪一搁道：

"他是你的朋友，那就把支票还给他得了，咱们一千两千的也不在乎！"

说着就去口袋掏支票。

那顾问连连罢手道：

"使不得，使不得，他也是个要面子的人，输了的钱，他决不会收回的。他在前清也是个京官，还有些才干呢！大帅要可怜他。就周全周全他，给他个什么职司，他就感激不尽啦！"

张作霖突然想想了什么，拍拍脑袋道：

"噢，想起来了，某老也曾经推荐过他，我就成全了他吧！"

那顾问忙道：

"那我先替他向大帅谢恩啦！"

不出一个星期，那个政客就到东北去做官了。

这种借娱乐之机顺便求人的手段实在是高，即使不成，也避免了直来直去可能遭遇的尴尬。

以情感人，摆平领导也很容易

世界上所有的人差不多都具有同情弱小和怜恤困难者的仁慈感情，找领导办事能否获得应允，有时恰恰是这种同情心在起作用。所以，不管你平常多么耿直自傲，这时候必须低下头来说软话，摆出一副可怜相才行。

通常情况下，人们是不愿轻易去找上级办事儿的，上级盛气凌人的"架子"在一般下属那里是不会被愉快接受的。一般而言，下属不到万般无奈和迫不得已的时候，是不会随便提出一件事让上级烦心的。所以，对一个人情世故相对成熟的下属来说，不经过"三思"，只靠脑瓜儿忽地一热乎便去找上级办某件事的人可谓寥寥无几。按照一般社会经验归纳起来，有如下一些事件是下属们经常要找上级出面办理和帮助解决的：

一是与工作有关的利益。这些利益包括调岗、晋升、涨工资、分房子。调停与同事之间的矛盾、平息一些不利于自己发展的言论或舆论。这一类事能否办到，关键在于你在上级心目中的位置，位置高了，他会把利益的平衡点放在你身上；位置若是低了，则必须借助外在的或间接的力量起作用方能把事儿办成，否则便只能充当各种利益的旁观者了。

二是与社会生活有关的利益。包括借贷、买卖、调节各类纠纷。参与婚丧嫁娶等各类红白喜事的协调，对各类被侮辱被损害者的法律公断以及某些同学同乡同事朋友等托办的事宜等。办这类事儿，上级一般未必直接出面和直接行使权力，他们的间接活动有时却是非常有效的。

三是与家庭关系有关的利益。包括夫妻关系、儿女关系、亲戚关系。这些关系所涉及的利益有时不能得到满足或者受到了伤害而自己又无力自我成全，于是责无旁贷，只好间接地承揽过来找某位上级说情，恳请他能出面干预或施加影响。如为子女找工作，帮助妻子调动工作，帮助某位亲属安置工作等。

正是因为有以上这些利益关系，你才有可能经常要找上级办一些事情。这些事情几乎都可以涵盖在"困难"二字之下，如经济困难、思想困难、情感困难、地位困难等，找上级办事儿，说穿了无非是托他们帮助解决这些"困难"。既言困难就有一些不堪负重的苦衷，要想把事情办成，最好的方法就是如何把这些苦衷不卑不亢地表达出来，切入肌肤地诱使上级产生同情心，从而帮助你把恳求办的事情办好。

要引起上级同情，必须了解上级自身的人生经历和社会经历，对上级曾经有过类似的切身感受过的事情，容易得到同情，从而得到支持和应允。

要引起上级同情，说低头话时必须在人之常情上下工夫，必须把自己所面临的困难说得在情在理，令人痛惜惋惜。所以，越是给自己带来遗憾的地方和痛苦的地方，则越是大加渲染，这样，上级才愿意以拯救苦难的姿态伸出手来帮助你办事儿，让你终生对他感恩戴德。因为大凡能激发人的公正之心、慈悲之心和仁爱之心的事情，都能引起人们的同情和帮助，都能使人在帮助之后产生一种伟大的济世之感。

要引起上级同情，必须了解上级的好恶，了解他平时爱好什么，赞扬什么，又愤慨什么，了解他的情感倾向和对事物善恶清浊的评判标准。上级的同情心有时是诱出来的，有时是忙出来的。如果上级对某个朋友有成见，认为他水平很差，他不得志和受排挤，这不足为奇。那么，你要帮朋友解决常年在基层受压抑之苦，并想借此引起上级的同情，可能就是一件相当困难的事情了。只有没有成见的时候，才能产生同情心。

同情心可以促进领导对你的理解，但这并不等于说马上就会下定帮你办的决心，因为领导者要考虑多方面的情况，有时会处于犹豫之中，甚至会抱着多一事不如少一事的态度，不想过问，这时，就需要努力激发领导的责任感，要使领导者知道，这是在他职责范围内的事，他有责任处理此事，而且能够办好此事。

所以，利用领导善良的同情心说低头话，如果运用方法恰当，即使上司铁石心肠，也能收到"以情动人"的奇效。

趁热打铁，瞅准时机好成事

求人时，察言观色，有时确可"先知先觉"。如果对方有下面的各种表情、行动，则表示对方快要上钩，或者渐渐对你的话产生了兴趣。

1. 对方的脸颊微微向上升。这是对方刚刚开始感兴趣的迹象，对于比较感兴趣的话题，人们都渴望听得一清二楚。

2. 肩部保持平衡。对方坐时，两肩不平，是一种疲劳的表示，肩部平衡，表明他的精神很好，对你的话题不厌烦。

3. 口角向上扬，嘴时常半闭半开。很显然，嘴角向下，是一种轻视或者不屑的表情；嘴巴紧闭，表明他对你的话题实在不想参与；而嘴角上扬时，表明他的兴趣被你调动起来了；而半开嘴巴时，你要明白，他将会同你一起讨论某个话题了。

4. 眼睛眯起变细。这是对方思考的一种表现，此时，他不但在仔细听你讲话，而且大脑中也不停地在进行反应。

5. 对方眨眼次数减少，睁大眼睛。频频眨眼表明了他的不耐烦，而眨眼次数减少，表明他已经被你的话题所吸引，大概没多余的时间眨眼了吧。至于突然睁大眼睛，是他已经明白了你的意思。

6. 随着说话人的指示移动目光。表明他已经深深投入到必须紧紧抓住你的每一言行的地步。

7. 身体略向前倾。此即为"倾听"的写照，一个人专注听别人说话时，身体便会略向前倾，以图听得仔细明白。

8. 频繁同说话人配合。这时，对方已经积极地参与起来，岂能是无兴趣？当他频频回答"嗯"，或者是表示赞成地点头，他的态度也就可以看出来了。

当对方有了上述的表情时，事情便大有可为。这是绝好的时机，应当加紧下工夫，趁热打铁，更加吸引对方的兴趣，此时，成功已不远矣。

第七章

三句话攻破人心的壁垒：
巧言妙辩的智慧

善用商量，强硬的命令不一定好使

人都有获得别人尊重的需要，都不喜欢别人用命令和敌对的口气对自己说话。所以，如果你想要别人按照你的意思去办事，在跟别人提意见的时候应尽量采用商量的语气。

汤姆刚搬到一个新社区，发现邻居养了只大猎犬，平常总是放任它在附近乱跑。虽然这只猎犬性情温驯，不过，自己的小孩看见它，还是会感到害怕，除了待在自己家院子里，他哪里都不敢去。为了不伤和气，汤姆只好去猎犬主人家拜访，说明来意。

"您好，我是您的邻居汤姆，我想和您商量一些事情。您的狗很健康、非常活泼，不过我家小孩看到它就害怕，不敢出门玩，我怎么讲都没用。所以想请您帮个忙，下午五点到六点，暂时让您的猎犬待在家里，这样我家小孩就可以出来玩。六点后，我会叫小孩回家吃饭，之后您的猎犬爱去哪里都行，我们不会有任何意见。希望您能体谅这种情况……"

这位邻居听完汤姆的话之后，点点头，表示按汤姆的话去做。

汤姆之所以能让邻居接受他的意见，是因为他首先赞美了邻居的狗，赢得了邻居的好感，然后说出自己家的孩子害怕狗、不敢出门玩的事实，最后提出完整的不损害双方利益的解决方案。从始至终，他都在用商量的语气和邻居交涉，所以最后和邻居达成了共识。如果汤姆一开始就抱怨邻居让自家的狗在街上乱跑，吓得自己的孩子不敢出门玩耍，接着要求邻居把狗拴好,那么,邻居多半会不高兴地拒绝汤姆,搞得大家不欢而散。

在说服他人时,如果你一开始就不客气地讲出自己的意见,让对方马上接受,对方会产生逆反心理,立刻想着反驳你的话,而不想接受你的意见。这样一来,双方不但很难达成共识,还有可能破坏双方良好的关系。即使你拥有发号施令的权力,如果不讲究说话方式,也很难让别人心悦诚服地服从你。

一个盛夏的中午,在一个建筑工地上,一群工人正在阴凉处休息。监工走过来,呵斥工人说:"你们明知工期很紧,吃完饭了还在这里磨洋工,还不快去干活!"工人们平时就很害怕这个监工,虽然不情愿,但还是起身去工作了。当监工走开后,工人们就又停下休息了。如果那个监工能够和颜悦色地对工人们说:"工友们,现在工期很紧,要辛苦大家了,希望大家能够牺牲一点休息的时间,尽量赶一赶工期。早点收工,大家就能早点回去洗澡、休息。大家看怎么样?"这样一来,即使天气再炎热,工人也会站起来开工了。

而在处理类似的问题时,查尔斯·斯科尔特就采取了很恰当的办法。

有一天,查尔斯·斯科尔特经过他管理的一家钢铁厂。当时正是中午,他看见几个工人正在抽烟,而他们头上正好有一块大牌子,上面写着"禁止吸烟"几个大字。一般的管理者通常会走上前去,指着那块大牌子对工人说:"你们难道不识字吗?这里不许抽烟!"

但斯科尔特没有这样做。他走向那群工人,掏出口袋里的雪茄,分发给每一个工人,然后用商量的语气说:"你们能不能到外面去抽这些雪茄呢?"工人们立即就认识到了自己的错误,掐灭了手里的香烟,并且以后再也没有在工厂里抽过烟。他们也都更加敬重斯科尔特了。

　　如果你遇到斯科尔特这样的总经理，看到你违反了公司的规定，不但没有严厉地制止你，反而送你小礼物，还用商量的口气委婉地规劝你，你会不感动、不从善如流吗？

换位思考，多从他人的角度看问题

　　有些时候，我们很难用简单的对与错来衡量某件事情。看问题的角度不一样，结果也就不一样。当一个人面对难题时，如果他能够从别人的角度来看待事情，原本疑惑不解的问题可能就变得豁然开朗，他的说话方式也会自然地改变。

　　生活中有时会发生这样的事：他有时即使真的错了，也不一定承认。在这种情况下，责备他是没有用的，甚至会起相反的作用。你应该了解他，这才是最聪明的做法。

　　对方为何会这样，其中一定自有他的道理。探寻出其中隐藏的原因来，你便了解了他，了解了他的个性，这才是说服他的钥匙。

　　纽约州汉普斯特市的山姆·道格拉斯，过去经常抱怨太太把过多的时间都用在修理草坪上了：他太太一周至少去草坪拔草、施肥和剪草两次。而道格拉斯却认为草坪和四年前刚搬来时一样，并未变好。当他把这话说给太太听时，自然就破坏了他们的夫妻感情。

　　后来道格拉斯认识到了自己的愚蠢。他试着从太太的角度考虑：她确实喜欢草坪，是因为她从中找到了乐趣。于是道格拉斯决心改变自己。

　　一天晚饭后，太太又去修理草坪，道格拉斯也跟了出去，帮助太

太一起除草、施肥，他们边干活，边愉快地谈话，他的太太非常
高兴。

从此他经常帮助太太修理草坪，并称赞她干得好，草坪比以前好看
多了。于是，夫妻间的感情日益加深。

肯尼迪·古迪的《怎样让人们变成黄金》一书中有这样一段发人
深省的话："停下来，用数秒的时间比较一下，你是如何关心自己的事
情和关心他人的事情的，就会理解，别人也和你一样。而一旦你掌握了
这个诀窍，你就会像罗斯福和林肯一样，拥有了做任何事的坚实基础。
总之，和别人相处的关系怎样，完全取决于你在多大程度上替别人着
想了。"

无独有偶，古拉得·力伊帕也和古迪有相同的观点。他在《进入
别人的内心世界》一书中，也有类似的一段话："把别人的感觉和观念
与自己的感觉和观念置于相同的位置，并把它表现出来，这样谈话的气
氛就会融洽起来。当你在听别人谈话时，要根据对方的意思来准备自己
将要说的话，那样，由于你已理解和认同了他的观点，他也就会理解和
认同你的观点。"

多年来，罗克常到离家不远的公园中散步和骑马，以此作为消遣。
罗克非常喜欢橡树，所以每当看到公园里一些树被烧掉时，他就十分痛
心。这些火差不多都是由到园中野炊的孩子们造成的。有时火势很凶，
必须叫来消防队才能扑灭。

公园的角落里有一块牌子，警告人们不要在公园玩火，违者罚款。
但由于牌子在角落里，很少有人看见它。公园里有警察，负责骑马巡
逻，但他对自己的工作不太认真，火灾仍然时常发生。

有一次，罗克又看到公园失火，就急忙跑去告诉警察快叫消防队，
可没想到他却说那不是他的事。罗克非常失望，于是以后罗克再到公园

里散步的时候，就担负起了保护公园的义务。当他看见树下起火时就非常不快，急忙上前警告那些野炊的孩子们，用威严的辞令命令他们把火扑灭。如果他们不听，就会恐吓要把他们交给警察。就这样，罗克只是按照自己的想法去做，只是在发泄自己的情感，全然没有考虑孩子们的感觉。

结果呢，那些儿童怀着一种反感的情绪暂时遵从了。转过身去的时候，他们又生起了火堆，并恨不得把整个公园烧尽。

随着时间的推移，罗克逐渐懂得了与人相处的道理，知道了怎样使用技巧，更懂得从别人的角度来看待问题。于是他不再发布命令，甚至恐吓。而是说："孩子们，玩得高兴吗？你们在做什么晚餐？我小时候，也很喜欢生火，直到现在我仍然很喜欢，但你们知道在公园里生火是很危险的吗？我知道你们几个会很小心，但别的孩子就不一样了。他们来了也会学着你们生火，回家的时候却又不把火扑灭，这样就会烧掉公园里的所有树木。如果我们再不谨慎的话，我们就不会再看到这里的树木了。因为在这里生火，还有可能被警察抓起来。我不干涉你们的兴致，我很愿意看到你们开开心心的，但我想请你们在离开时，把火用土埋起来，并把火堆旁边的干枯树叶拨开，好吗？你们下次来公园玩时，可不可以到山丘的那一边，就在那沙坑里取火，那样就不会有任何危险了。多谢了，孩子们，祝你们玩得快乐。"

这样的说法，产生的效果可好多了！孩子们听了之后都非常听话，而且很愿意接受。他们没有被强制服从命令。罗克为他们保全了面子，双方的感觉都很好，因为罗克在处理这件事时，完全是从他们的角度出发考虑的。

哈佛商学院特哈姆说："在与人谈话前，我情愿用两个小时的时间在他的办公室前的人行道上散步，而不愿在还没有清晰的想法，不知该如何说，并且不了解对方，没有充分准备答案的情况下，直接去他的办公室。"

如果你永远都能按照对方的观点去想，从他人的立场看事，这就足够成为你一生中一个新的里程碑。

认识别人，被别人认识，认识自己，用一颗真诚的心将三者统一。

把自己当成别人，关键在于认识自己，弄懂了这个意思，也许不需要华丽的语言，你说的话便会充满力量。

证据效应，数字更具说服力

我们生活在数字的世界里，我们每天所见、所闻与所思的一切，几乎没有不涉及数字的。数字是用来显示某种情况统计计算的结果的，因此，它们能给听众留下深刻的印象，并且极具说服力，容易把理说透。尤其是它有证据的效应，这是孤立的事件所不可比拟的。

一位主管认为公司里的人太懒。因为人们不立即接听电话，造成大量的时间损失。为了说服公司总部领导采纳他的一个方案，他说：

"在6个月中，每100个通话中，有7个显示，要超过1分钟的耽搁，接话人才拿起话筒。纽约人每天总共大约要打4 000 000个电话，在这方面，每天共有280 000分钟的损失。在6个月中，纽约人耽搁的时间，差不多等于自哥伦布发现美洲以来的所有营业时间。"

在这个例子中，这位主管把统计数字和我们熟悉的事物放在一起，进行比较，收到了加强印象的效果，同时也增强了说服力。

但由于数字本身是一种符号，容易让人产生麻木或厌烦的感觉，所以使用时要明智而审慎。在使用前，需要注意以下几个方面：

（1）所使用的引述的准确性。

（2）它是否来自专家的专门知识领域？

（3）引述的对象是否为听众所熟知或尊敬？

（4）引述的资料是否肯定是第一手资料？

使用数字来说服别人的时候，还有一点需要注意：如果只提起数字、数量本身，是不会给人留下深刻印象的，它们必须辅以实例。倘若可能，还必须加上我们自己的经验来讲述，或者设法为枯燥的数字注入生命。这即是说，要让数字所代表的事实，能成为一般人生活经验中的一部分。只有这样，人们对数字才感到亲切，也才能产生兴趣。举例来说，下面的第一种数字陈述方式若能改为第二种陈述方式，则其影响力将显著加大：

方式一："假如各位接纳我的提议，则公司每个月至少能节省67 453 750元的开支！"

方式二："假如各位接纳我的提议，则公司每个月至少能节省67 453 750元的开支！从另一个角度来说，倘若这项节省下来的开支，能以加薪的方式平均分配给公司的每一成员，则每一个人每个月的工资将增加3500元！"

点明利弊，趋利避害是人的天性

趋利避害是人的天性。一个人最关心的莫过于自己的利益。会讲道理的人，在劝说别人的时候，往往会以恳切的态度告诉对方，这样做有什么好处，不这样做会带来什么害处，让对方知晓自己的利害得失，从而做出明智的选择。

球王贝利，人称"黑珍珠"，是人类足球史上享有盛誉的天才。在很小的时候，他就显示出了踢足球的天赋，并且取得了不俗的成绩。

有一次，小贝利参加了一场激烈的足球比赛。赛后，伙伴们都精疲力竭，有几位小球员点上了香烟，说是能解除疲劳。小贝利见状，也要了一根。他得意地抽着烟，看着淡淡的烟雾从嘴里喷出来，觉得自己很潇洒、很前卫。偏巧，这一幕被前来看望他的父亲撞见。

晚上，贝利的父亲坐在椅子上问他："你今天抽烟了？"

"抽了。"小贝利红着脸，低下了头，准备接受父亲的训斥。

但是，父亲并没有这样做。他从椅子上站起来，在屋子里来回地走了好半天，这才开口说话："孩子，你踢球有几分天赋，如果你勤学苦练，将来或许会有点儿出息。但是，你应该明白足球运动的前提是你具有良好的身体素质，可今天你抽烟了。也许你会说，我只是第一次，我只抽了一根，以后不再抽了。但你应该明白，有了第一次便会有第二次、第三次……每次你都会想：仅仅一根，不会有什么关系的。但天长日久，你会渐渐上瘾，你的身体就会不如从前，而你最喜欢的足球可能因此渐渐地离你远去。"父亲顿了顿，接着说，"作为父亲，我有责任教育你向好的方向努力，也有责任制止你的不良行为。但是，是向好的方向努力，还是向坏的方向滑去，主要还是取决于你自己。"

说到这里，父亲问贝利："你是愿意在烟雾中损坏身体，还是愿意做个有出息的足球运动员呢？你已经懂事了，自己做出选择吧！"

说着，父亲从口袋里掏出一叠钞票，递给贝利，并说道："如果不愿做个有出息的运动员，执意要抽烟的话，这些钱就作为你抽烟的费用吧！"说完，父亲走了出去。

小贝利望着父亲远去的背影，仔细回味着父亲那深沉而又恳切的话语，不由得掩面而泣，过了一会儿，他止住了哭，拿起钞票，来到父亲的面前。

"爸爸，我再也不抽烟了，我一定要做个有出息的运动员！"

从此，贝利训练更加刻苦。后来，他终于成为一代球王。他的成功跟父亲的一番教导是分不开的。至今，贝利仍旧不抽烟。

在现实社会里，人们要生存，就离不开和自己紧密相关的各种利益，因此，人们最关心的就是自己的相关利益。所以，在说服别人的过程中，晓之以害，告之以利，清晰明了、冷静客观地揭示出对方目前的处境和未来的发展，就能有效增强说服力。

循循善诱，使人心中点头

鲁迅曾说过："与人说理，须使人心中点头。"这句话十分精辟。我们在与别人说理时，一定要注意循循善诱，步步引导，耐心商讨，这样对方才易于接受，易于"心中点头"。

某洗浴中心服务员马小姐拾到顾客遗失在店内的戒指，想悄悄据为己有，被客房部经理张大姐发现了，让她上交。可马小姐说："戒指是我拾的，又不是偷的，更不是抢的，不上交也不犯法。"张大姐说："小马，你知道什么叫'不劳而获'吗？""不知道！"马小姐嘟着嘴回答。张大姐说："你看，'不劳而获'是不经过劳动而占有的劳动果实。说得确切点是占有别人的劳动果实！""你什么时候学会咬文嚼字了？"马小姐有点不耐烦了。张大姐耐心地问："你说抢别人的东西是不是'不劳而获'？""那是的。""你说，偷别人的东西是不是'不劳而获'？""当然也是的。""那么，拾到别人的东西据为己有是不是'不劳而获'？""这，这……"马小姐语塞。张大姐顺势教育道："拾到别人的东西据为己有和偷、抢得来的东西，在'不劳而获'这一点上是相通的，除了国家法律，我们还应有一定的社会公德，再说我们也有工作守则，拾到顾客遗失的物品要交还，你可不能犯糊涂啊！"经过张大姐的教育，马小姐终于认识到自己的错误，把戒指交了出来。

我们可以看出，张大姐说服马小姐的过程中，避开马小姐振振有词的歪理，而是有意和她弄清楚一个看似与论题无关的"不劳而获"的意义，再诱导她由大及小，从面到点，步步推进，层层剥离，最后才切入实质性的问题：拾到东西据为己有，同偷、抢一样是"不劳而获"，是同样可耻的行为。通过一番沟通，马小姐受到了教育，打消了错误的念头。

某国政府部门要派一位女公务员琼娅去另一个城市工作。出于工作需要，搬家就成了琼娅无法避免的事，但琼娅却不愿意搬家。琼娅的上司杰克先生便与琼娅有了下面一段谈话：

杰克："好啦，琼娅，告诉我，搬家对你来说有什么损失？"

琼娅："我们不能再住在住了10年的这个家了，这会使我们失去与邻居们建立的深厚友谊；两个孩子再也无法上他们一直在上的那所学校了。我们将失去这里的一切辅助性服务便利（银行、儿科医生、超级市场、汽车修理店）。我们得搬到距我们父母1000多英里远的一个地方，因而也就无法经常见到他们。"

杰克："琼娅，这听起来有点不对劲，你最好把这件事再考虑一下。但是，如果有可能的话，我相信你能从这种过渡里获得很多。"

琼娅："嗯，我们会有一个新家，比我们这个老家又新又大。我们还会有一帮子新邻居，一年之后我们还可以回来一两次探望一下我们的老朋友，我们生活的地区还会有许多娱乐会。孩子们会有一所漂亮的新学校，结交一帮子新朋友，我们家的收入将提高10%，开支实际上则会降下来。丈夫则会得到他一直努力去争取的职位。我们的新家距一所大学很近，我正考虑重新上大学，把硕士学位拿下来。"

杰克："琼娅，搬家后，在你的生活中仍然一如既往的是什么呢？有什么会仍然不改变的吗？"

琼娅："我们仍然会拥有这儿的朋友。我们的父母会仍然住在这儿，但我们却会继续得到他们的关爱和支持。我们仍然会身体健康。而最重要的是，作为一家人，我们还会互相拥有。我们在圣地亚哥生活的回忆会永远留在我们的脑海里。"

杰克："在这次外部变动中，谁是你们可以指望的人呢？"

琼娅："我们可以指望我全家、我的好友米娜，还有杰克先生你（杰克已经告诉琼娅，要放琼娅一周的假，好让她做好一切安排）、我的朋友罗斯（他是律师，可以在某些法律问题上指导琼娅）。实际上，我可以指望帮助我解决困难的朋友还有许多。"

杰克的这次谈话相当成功，琼娅在当天晚上便开始准备搬家了。

杰克的成功说服，其方法或诀窍是：循循善诱。特别是对于女性而言，她们的心理承受能力相对差一些，感情比较脆弱，如果一味地用强制性的口吻说话，那么，她们将很难接受。而通过循循善诱式的方式来诱导启发，则会令她们心悦诚服。

忠言顺耳，即使忠告也需要技巧

有一句老话说：良药苦口利于病，忠言逆耳利于行。利于病、利于行当然是好事，但为什么非要苦口、非要逆耳呢？

一种苦味的药，外面裹上糖衣，就改变了苦涩的口感，使患者容易一口吞到肚子里，于是，药物进入胃肠，药性发生了效用，疾病就治好了。善于说服的人，即使批评他人，也能做到"忠言不逆耳"，老少都爱听。

人是一种感情动物。一般人很容易受感情支配，即使内心有理性的认识，但仍然容易受反感情绪的影响而难以听进忠言。

比如说，一个中学生在外面游荡一天之后心生悔意，暗暗下决心回家学习。他一走进家门，当母亲的就急不可耐地对儿子说："你又到哪里野去了？还不快去复习功课，看你将来还考得上大学！"儿子生气地顶撞母亲说："哼，上大学，上大学，我就不信不上大学就混不出人样！"在逆反心理的驱使之下，儿子怒气冲冲地跨出了家门。就这样，母亲的一番苦心白费了。

看来，仅有为别人着想的良好愿望还不行，忠告也需要技巧，否则就可能收到相反的效果。

给予他人忠告的时候，如果能够注意下面五个技巧，你的忠告就会被人接受，忠言听起来也就不会逆耳了。

1. 给人忠告要谨慎行事

说到底，忠告是为了对方，为对方好是忠告的根本出发点。因此，必须谨慎行事，要让对方明白你的一番好意，不可疏忽大意、草率行事。

2. 注意态度

给人忠告时，态度一定要谦和诚恳，用语不能激烈，也不必过于委婉，否则对方就会产生反感情绪。用语激烈，对方就会认为你趁机教训他；言语过分委婉，对方就会认为你假惺惺。

3. 选择适当的时机

比如说，当你的下属尽了最大努力而最终没有将事情办好的时候，此时最好不要向他们提出忠告。如果你这时不合时宜地说"如果不那样就不至于这么糟了"之类的话，即使你指出了问题的要害，而且句句在理，下属心里也会产生"你没看见我已经拼命努力了吗?"的反感，这时，忠告的效果当然不会好。相反，如果此时你能说几句"辛苦你了"、"你已做了最大的努力"、"这事的确比较难办"之类的安慰话，然后再与下属一起分析失败的原因，最终下属就会欣然接受你的忠告。

4. 选择适当的场合

在什么场合提出忠告也很关键。原则上讲，提出忠告时，最好采取"一对一"的方式，而不要当着其他人的面向对方提出忠告。因为这样做，对方就会受自尊心驱使而产生抵触情绪。

5. 不要用比较的方式提出忠告

提出忠告时，最好不要以事与事、人与人相比较的方式进行。此时的比较往往是拿别人的长比对方的短，很容易伤害对方的自尊心。

比如说，一位母亲这么忠告自己的儿子："我说小明啊，你看隔壁家的小光多有礼貌，多乖啊! 你和人家同年生，你还比他大两个月哩，你要好好向他学习，做个好孩子哟!"儿子听了母亲的话。可能一言不发，但他内心的真实想法是："哼，整天说小光这也好那也好，干脆让他做你的儿子好了！"这样一来，儿子的自尊心受到了伤害，母亲的忠告反而起到反效果。

可见，在我们向别人提出忠告的时候，一定要讲究方式方法，尤其是要注意语言表达方式，使忠言听起来不逆耳，这样才能不伤害他人的自尊心，让他人欣然接受，最终达到忠告的目的。

理直气壮，用气势压倒对方

沟通中的"气势"有时能起关键作用。如果你有所坚持，却畏畏缩缩、矮人一截、不敢与人针锋相对，那么你的坚持恐怕也就无法坚持下去。因此，当对方言辞犀利时，你的言辞就应更为犀利；如果对方气势过人，你的气势也应更胜他一筹，并且在谈话时应理直气壮、临危不惧，这样才能压倒对方。

《古文观止》中有一篇文章名为《唐雎不辱使命》，内容是讲骄横的秦王想要吞并安陵君的国土，所以无理地表示欲以秦国五百里土地作为交换。对此，安陵君自然不同意，于是派唐雎出使秦国斡旋。

当秦王听说安陵君不愿交换土地时，顿时脸色大变，怒气冲冲地对唐雎说："你听说过天子发怒吗？"

唐雎回答道："我没有听说过。"

秦王说："天子一发怒，便能让百万人尸骨成山、血流成河！"

唐雎说："大王听说过百姓发怒吗？"

秦王说："平民百姓发怒，不过是摘下帽子，赤着双脚，拿脑袋撞墙罢了。"

唐雎说:"那是庸人的发怒,不是勇士的发怒。如果勇士发怒了,倒下的虽不过是两人,血水淌过的地面也只有五六步,但普天之下的人,都会为他们披麻戴孝。现在勇士发怒了!"

唐雎说完话,立刻拔出宝剑,准备挺身而起。秦王一见,慌忙地对唐雎说:"先生息怒!先生请坐下来谈,何必生这么大的气呢?现在我明白了,韩国、魏国都灭亡了,唯独安陵君仅仅50里地的小国还能留下来,就是因为有先生您这样的勇士啊!"

在这个过程中,唐雎针对秦王的贪得无厌,临危不惧、据理力争,甚至以死相搏,终于使秦王因心虚而作罢。

凭借勇气而领先气势、步步逼近,可说是"针锋相对法"的基本要点。只要能掌握此法,你就能在论辩中体会到"道高一尺,魔高一丈"的真正含义。

冯玉祥任职陕西督军时,他得知有两个外国人私自到终南山打猎,并且打死了两头珍贵的野牛,就把他们召到西安,责问道:"你们到终南山打猎,和谁打过招呼?有没有领到许可证?"

两个外国人回答道:"我们打的是无主野牛,不用通报任何人吧!"

冯玉祥听了,带着怒气说:"终南山是陕西的辖地,野牛则是中国领土内的东西,怎么会是无主呢?你们不经批准便私自打猎,就是违法!"

外国人狡辩道:"这次到陕西,在贵国发给的护照上,不是准许我们带枪吗?可见我们打猎已经获得到贵国政府的许可,怎么能说是私自打猎呢?"

冯将军反驳道:"准许你们携带猎枪,就是准许你们打猎吗?如果准许你们携带手枪,难道就表示你们可以在中国境内随意杀人吗?"

其中一个外国人,十分不服气地说:"我在中国15年,所到的地方没有不准打猎的,再说,中国的法律也没有规定外国人不准在中国境内打猎。"

冯将军冷笑着说："的确是没有规定外国人不准打猎的条文。但是，难道就有准许外国人打猎的条文吗？你15年没遇到过官府的禁止，那是他们昏庸！现在我身为陕西的地方官，可不昏庸。再说，我负有国家人民托付的保家卫国之责，自然要禁止你们私自打猎！"

这两个外国人最后在冯玉祥的理直气壮前不得不承认错误。

气势在其中起了很大的作用。需要注意的是，用气势压倒对方的前提是自己占理，如果无理取闹，强龙硬要压地头蛇，结果虽然会取得一时一地的胜利，但终究不会有好下场。

柳暗花明，请将不如激将

激将法也是一种很奇妙的说服人的技巧。俗话说，请将不如激将。使用激将法，往往能够使被说服者感情冲动，从而去做一件他在平常情况下可能不会做的事；激将者还可以激起对手的愤怒感、羞耻感、自尊感、妒忌感或者羡慕感等，在这种情况下，处于激动之中的对象是想不到怎样被激将者说服的。

其实，按照上面的定义，给对方戴高帽子的办法也应该算是激将法的一个变种，它也是激发对方的自尊心与荣誉感，只不过它是往上抬对方，而一般意义上的激将法是往下压对方。

在同样情况下，一些人"敬酒不吃吃罚酒"；不愿吃甜的，愿意吃苦的；认定一条死理，硬往牛角尖里钻。你磨破嘴皮，他却一意孤行；即使你给他一顶高帽子，他同样不吃这一套。这时，如果你改变方法，突然给他一个强烈的反刺激，说不定能使你的说服，"柳暗花明"，轻松地达到自己的目的。

诸葛亮一生善用激将法，一激关羽，二激黄忠，都达到了很好的效果。不过，最精彩的还是赤壁大战前与周瑜的那场谈判，其善于巧言相激的说话艺术也发挥到了极致。

208 年，曹操亲率大军南征。江东的孙权摇摆在抗曹与降曹的两种选择之间。诸葛亮在见到江东决策人物之前，首先遭遇到的是一批力主降曹、胆怯自私的文官。诸葛亮舌战群儒，对各种不利于孙刘联兵抗曹的言论，一驳到底，不拖泥带水。

周瑜是对孙权决策影响最大的人物，一旦抗曹开始，他必然也是主帅，诸葛亮必须说服他抗曹，并调动起他的强烈抗曹愿望。

一天晚上，鲁肃引诸葛亮会见周瑜，鲁肃问周瑜："今曹操领兵南侵，是战是和，将军欲如何？"周瑜说道："曹操挟天子以令诸侯，难以抗命。而且他兵力强大，我们不可轻敌。战则必败，和则易安，我的意见是和为上策。"鲁肃大惊道："将军之言错矣！江东三世基业，岂可一朝白白送给他人？"周瑜说道："江东六郡，千百万生命财产，如遭到战祸之毁，大家都会责备我的，因此，我决心讲和为好。"

诸葛亮听完东吴文武两大臣的一段对话，觉得周瑜若不是抗曹的决心未定，也是一种有意试探，此时如果不另辟蹊径，只是讲一通吴蜀联合抗曹的意义，或是夸耀周瑜盖世英雄，东吴地形险要，战则必胜的道理，肯定难以奏效。于是，他巧用周瑜执意求和的"机缘"，编出了一段故事。

诸葛亮说道："我有一条妙计，只需差二名特使，驾一叶扁舟，送两个人过江，曹操得到那两个人，百万大军必然卷旗而撤。"

周瑜急问是哪两个人。诸葛亮说道："曹操本是一名好色之徒，打听到江东乔公有两位千金小姐，大乔和小乔，长得美丽动人，曹操曾发誓说：'我有两个志向，一是要扫平四海，创立帝业，流芳百世；二是要得到江东二乔，以娱晚年。'目前曹操领兵百万，进逼江南，其实就是为乔家的两位千金小姐而来的，将军何不找到乔公，花上千两黄金买到那两个女子，差人送给曹操？江东失去这两个人，就像大树飘落一两片黄叶，如同大海减少一两滴水珠，丝毫无损大局；而曹操得到那两个人必然心满意足，欢欢喜喜班师回朝。"

周瑜说道："曹操想得大乔和小乔，有什么证据说明这一点呢？"

诸葛亮答道："有诗为证。曹操的小儿子曹植，十分会写文章，操曾在漳河岸上建造了一座铜雀台，雕梁画栋，十分壮丽，并挑选许多美女安置其中，又令曹植作了一篇《铜雀台赋》。文中之意就是说他会做天子，立誓要娶'二乔'。"

周瑜问："那篇赋是怎么写的，你可记得？"

诸葛亮说道："因为我十分喜爱赋中文笔的华丽，曾偷偷地背熟了。"接着就朗诵起来："从明后以嬉游兮，登高台以娱情……临漳水之长流兮，望园果之滋荣。立双台于左右兮，有玉龙与金凤，揽'二乔'于东南兮，乐朝夕之与共。"

周瑜听罢，勃然大怒，霍地站立起来指着北方大骂道："曹操老贼欺我太甚！"

诸葛亮表面上是急忙阻止，其实是火上浇油，说道："都督忘了，古时候单于多次侵犯边境，汉天子许配公主和亲，你又何必可惜民间的两个女子呢？"

周瑜说道："你有所不知，大乔是孙策将军夫人，小乔就是我的爱妻！"诸葛亮佯作失言，请罪道："真没想到是这么回事，我真是胡说八道了，该死该死！"

周瑜怒道："我与曹操老贼誓不两立！"

诸葛亮却故作姿态地劝道："请都督不可意气用事，望三思而后行，世上绝无卖后悔药的。"

周瑜说道："我承蒙伯符重我，岂有屈服曹操之理？我早有北伐之心，就是刀剑架在脖子上，也不会变卦。劳先生助我一臂之力，同心合力共破曹操。"

于是孙、刘结成的抗曹联盟得到巩固，赢得了赤壁之战的重大胜利。

诸葛亮首先了解到周瑜的气量比较窄，容易被人激怒，再者他也知道，大丈夫连自己的妻子都不能保护，是人生的一大耻辱，周瑜绝不会忍受这样的耻辱。尽管这一切不过是诸葛亮假借曹植的诗赋牵强附会地一说，却达到了激怒周瑜联合抗曹的目的。

由此可见，激将说服只要使用得恰到好处，适时适度，就会收到妙不可言的效果。

巧妙诱导，让对方一步一步说"是"

在交谈沟通中，你可以先巧设"陷阱"，让对方在没有防备的情况下，诱其说"是"。等对手在不知不觉中一步步坠入圈套时，你便能牵住对方的思维，使对方不得不就范。而这种诱使对方多说"是"的方法，则被人称为"苏格拉底式问答法"，在交谈中起着特殊的效果。

日本有一个聪明绝顶的小和尚叫一休。有一次，将军足利义满把自己最喜爱的龙目茶碗暂时寄放在安国寺，被一休不小心打碎了。就在这时，足利义满派人取龙目茶碗，大家都大惊失色，不知所措。茶碗已被一休打碎了，拿什么去还给他呢？只见一休说："大家不必担心，我去见将军，让我来应付他！"

一休见到将军后，便问："将军，有生命的东西到最后一定会死，是不是？"

足利义满回答："是。"

一休又问："世界上一切有形的东西，最后都会破碎消失，是不是？"

足利义满回答："是。"

一休接着问："这种破碎消失，谁也无法阻止，是不是？"

足利义满还是回答："是。"

一休听了足利义满的回答后，露出一副很无辜的神情，接着说："义满大人，您最心爱的龙目茶碗破碎了，我们无法阻止，请您原谅。"

由于足利义满已经连着回答了几个"是"字，所以他知道此事不宜严加追究。一休凭借自己的聪明，最终安然渡过难关。

一般而言，只要对方说了许多遍"是"之后，你在劝说对方接受自己的观点时，就能比较容易。但是，老练、心存戒备的对手，往往不会轻易说"是"的。

日本明治时期的名医、军事家大村益次郎，总是板着面孔，人们很难与他交往。有一次，邻人跟他寒暄："您好，今天天气很热，是不是？"他却爱理不理地回答："夏天本来就是炎热的。"如果他顺着对方的问题回答："是的，的确很热。"如此一来，自我防卫的态势也就先瓦解了。

由此可知，诱使对方说"是"的方法是：当你在交谈开始时，切勿涉及有争议的观点，而应顺应对方的思路强调彼此有共同语言的话题，然后从对方的角度提出问题，诱使对方承认你的立场，让对方连连说"是"，这样就能比较轻松地攻破对方的防线。

简单有效，一个事实胜过千言万语

当一种观念进入心底很长时间后，外人很难用一般的道理让其发生改变。此时，也许只能用事实这种最有力的武器来说服他了。

俗话说："事实胜于雄辩。"一个事实胜过千言万语。因此，在说服他人的过程中，要注意运用已有的事实作为论据，论证自己的论点，这样逻辑就会严谨，理由就会充分，说服才会有力，这是一种很常用的说服方法。事实上，这种方法并不需要太多的技巧，而只要能适时适量地陈述事实，便能使说服成功。

三月三是王母娘娘的生日，因为泰山风景好，就在山上修了个王母池（古时候也称瑶池），每年，王母娘娘会在这里过生日。有一年三月三，王母娘娘举行盛大的蟠桃会，天上地下的神仙都来祝贺。王母娘娘十分欢喜。忽有人来报："吕洞宾来了。"王母娘娘把脸一沉，传话说："不要叫他进来。"

吕洞宾得到通报，很是生气，他径直跑到王母娘娘的客厅里。他问王母娘娘："众仙都来参加盛会，为何把我拒之门外？"

王母娘娘面带怒气，回答说："因为你是个酒色财气之徒，所以我不欢迎你！"

吕洞宾哈哈大笑。他追问王母娘娘："请当着众仙说说，我怎么是个酒色财气之徒呢？"

王母娘娘扳着指头说："上次蟠桃会，你喝了个酩酊大醉，闹出许多笑话出来，岂不是个贪酒之徒？"

　　吕洞宾回答道："王母娘娘说得不对，你若不举行庆寿宴会，不让大家饮酒作乐，我怎能喝醉呢？"

　　王母娘娘听了，气得翻翻眼皮，又说："你三戏白牡丹的丑闻传扬四海，难道还算不上是个好色之徒？"

　　吕洞宾笑道："人有所爱，何况神仙呢？相爱并无妒心。而你身为女神，却有妒心。"

　　王母娘娘一听，勃然大怒，斥责吕洞宾："不要胡言乱语。"

　　吕洞宾说："小仙有事实为证：牛郎织女情投意合，要结为夫妻。你却忌妒他们，拔出玉簪划了一道天河，将一对好端端的情人分开，一年才许人家见一次面，这多缺德呀！"

　　王母娘娘气得直哆嗦。过了许久，她才又开始数落吕洞宾："你是个贪财之徒，八仙过海闹龙宫时，据说你抢了不少宝贝！"

　　吕洞宾答道："上边传旨，'八仙过海，各显其能'，分明有言在先，怎能怪罪于我呢？要论贪财，你才当之无愧呢！"

　　王母娘娘说："我深居仙宫，谁说贪财？"

　　吕洞宾说："每年三月三，你张扬着祝寿，凡来参加的人所携带的寿礼你都欣然接受，这不是贪财是什么？"

　　王母娘娘气得浑身打哆嗦，指着吕洞宾的鼻子说："神仙是不能意气用事的，可是你，常常犯这毛病。八仙过海时，你挥动宝剑，肆意砍杀，你不动气，怎能砍杀呢？"

　　吕洞宾更加摇头发笑："王母娘娘，你弄颠倒了！我一鼓作气，奋起杀敌，那是战功！你倒是最爱动气啦！"

　　王母娘娘追问："你有何证据？"

　　吕洞宾说："你是个上等仙人，你是个女神，你光知道挑下人的毛病，今天把我拒之门外。你不动气，能这样做吗？"

　　王母娘娘被吕洞宾问得张口结舌。

在这个神话故事中，王母娘娘和吕洞宾都在试图说服对方，相当精彩。王母娘娘分别用确有其事的实例来说明吕洞宾是个酒色财气之徒；而吕洞宾也用事实来说明王母娘娘比他更过分。两人都争相使用事实做论据，只是吕洞宾所讲的事实更有力一些，最后使王母娘娘哑口无言了。可见，摆事实常常胜过讲道理，而摆的事实不同也会有不同的效果。因此，我们在使用摆事实的方法说服别人时，也要注意事例的选择。

动之以情，真正触及对方的心灵

一般而言，人的思维行动都是由意识控制的，即使他人和外界提出建议或强迫要求，也不见得能使其有所改变，除非真正触及了他的心灵，使其认识到应该怎么做。所以，说服或劝说，必须在晓之以理、动之以情上下工夫。

亚里士多德曾说过："说服是通过使听众动感情而产生效果的，因为我们是在痛苦和欢迎、爱和恨的波动中作出不同的决定的。"心理学研究表明，当一个人处于愧疚、自责、害怕、焦虑等情绪中时，较容易接受劝说信息。因此，说服者必须在说理时注入情感，才能达到良好的说服效果。

赵太后刚刚执政，秦国加紧攻赵。赵国向齐国求救。齐国说："一定要把长安君作为人质，才派兵。"赵太后不肯答应让自己的儿子去，大臣们极力劝说，太后坚决地对左右的人说："有哪个再来说要长安君为人质的，我就要把唾沫吐在他的脸上。"

左师官触龙希望觐见太后，太后气冲冲地等着他。触龙来到宫中，慢慢地小跑着，到了太后跟前谢罪道："我脚上有毛病，竟不能快步走。我怕您玉体欠安，所以想来见见您。"太后道："我靠车子才能行动。"触龙又问："每日饮食该没减少吧？"太后道："不过吃点稀饭罢了。"触龙说："我近来很不想吃什么，却勉强散散步，每天走三四里，稍稍增加了一些食欲，身体也舒畅了些。"太后说："我做不到啊。"此时太后的怒色稍稍地消了些。

触龙又说："老臣的贱子舒祺年岁最小，不成器得很，而我已经衰老了，心里很怜爱他，希望他能充当一名卫士，来保卫王宫。我特冒死来向您禀告。"太后答道："好吧。他多大了？"触龙道："15岁了。不过，虽然他还小，我却希望在我没死之前把他托付给您。"太后问道："男子汉也爱他的小儿子吗？"触龙答道："比女人还爱得很哩！"太后答道："女人格外疼爱小儿子。"触龙说："我私下认为您对燕后的爱怜超过了对长安君。"太后道："您说错了，我对燕后的爱远远赶不上对长安君啊！"触龙言道："父母疼爱自己的孩子，就必须为他考虑长远的利益。您把燕后嫁出去的时候，拉着她的脚跟，还为她哭泣，不让她走。想着她远嫁，您十分悲伤，那情景够伤心的了。燕后走了，您不是不想念她，可是祭祀时您为她祝福，说：'千万别让她回来。'您这样做难道不是为她考虑长远利益、希望她有子孙能相继为燕王吗？"太后答道："是这样。"

触龙又说："从现在的赵王上推三代，直到赵氏从大夫封为国君为止，历代赵国国君的子孙受封为侯的人，他们的后嗣继承其封爵的，还有存在的吗？"太后答道："没有。"触龙又问："不只是赵国，诸侯各国有这种情况吗？"太后道："我还没听说过。"触龙说道："他们当中祸患来得早的就降临到自己头上，祸患来得晚的就降临到子孙头上。难道是这些人君之子一定都不好吗？但他们地位尊贵，却无功于国；俸禄优厚，却毫无劳绩，而他们又持有许多珍宝异物（这就难免危险了）。

现在您使长安君地位尊贵，把肥沃的土地封给他，赐给他很多宝物，可是不趁现在使他有功于国，有朝一日您不在了，长安君凭什么在赵国立身呢？我觉得您为长安君考虑得太短浅了，所以认为您对他的爱不及对燕后啊！"太后答道："行了，任凭您把他派到哪儿去。"于是为长安君准备了上百辆车子，到齐国做人质。齐国于是派兵救赵。

在说理时注入感情，必须于说服前能够准确地揣摩出对方的心理，这样才能够打动人心。如他在想什么？他惯用的行为模式是什么？现在他想要做什么？等等。这样才能从感情深处征服对方。触龙的成功，除了高超的语言技巧外，更在于他深切地了解对方的心理，在说理时注入了感情，不仅从两人的相似点上拉近了彼此的感情距离，也让人感觉到他确实是在为国家真诚考虑，确实是为长安君作长远的打算。

心理共鸣，瞬间解除对方的对立情绪

所谓心理共鸣，是指运用心理学中"情感共鸣"的原则，归纳出来的一种说服方法。它一般可分为四个阶段：导入阶段，即心理接触的初步阶段；转接阶段，即心理接触的中级阶段；正题阶段，即心理接触的高级阶段；最后是结束阶段。和不熟悉的人，或有对立情绪的人进行谈话时经常使用此方法。

有一位老师，担任差班的班主任。开学第一天，他亲切地对同学们说："有人说我们是放牛班、垃圾班，这是没有道理的！拿体育成绩来说，我们班不但不是垃圾班，而且可以称为优等班！"

短短一席话，使同学们迅速从低落的情绪中振奋起来，从自卑感中树立了信心。为什么他的话会产生如此大的效果？因为他的话充满信任和鼓励，更重要的是，这位老师在见面的第一天，就把自己置于这个被人瞧不起的集体之中。他左一句"我们"，右一句"我们"，让这些内心充满自卑感的学生，感受到温暖和亲情。总之，由于心理上的接触和情感上的共鸣，老师的话对学生产生非常大的鼓舞作用。

由于人与人之间很难一开始就产生共鸣，所以必须先诱发对方与你交谈的兴趣，再经过一番深刻的交谈，才能让彼此更加了解。当你尝试说服他人，或对他人有所请求时，也同样适用。你不妨先避开对方的忌讳，从对方感兴趣的话题谈起，并且不要太早暴露自己的意图，等对方一步步赞同你的想法后，他们便不自觉地认同了你的观点。

伽利略年轻时立志在科学研究方面有所成就，因此，他希望得到父亲的支持和帮助。

一天，他对父亲说："父亲，我想问你一件事，是什么促成了您同母亲的婚事？"

父亲说："因为你的母亲十分吸引我。"

伽利略又问："那您有没有爱过别的女人？"

父亲说："没有，孩子。家人曾经要我娶一位富有的女士，可是我只对你母亲钟情，况且她当时可是一位风姿绰约、令人倾慕不已的姑娘。"

伽利略说："您说得一点也没错，她现在依然风韵犹存。而您不曾爱过别的女人，因为您爱的是她，可是您知道吗？我现在也面临同样的处境！除了科学以外，我不可能选择别的职业，因为我喜爱的正是科学！其他事物对我而言，都毫无用途与吸引力！难道我要去追求财富或是荣誉？科学是我唯一的需要，我对它的爱，就如同对一位美貌女子的倾慕。"

父亲说:"像倾慕女子那样?你怎么会这样说呢?"

伽利略说:"一点也没错!亲爱的父亲,我已经18岁了!别的学生,哪怕是最穷的学生都会想到自己的婚事。可是,我却从没想过。因为别人都想寻求一位标致的姑娘当终生伴侣,我却只愿与科学为伴。"

父亲不说话了,只是静静地听。

伽利略继续说:"亲爱的父亲,您有才干但没有力量,可是我却能兼而有之。为什么您不能帮助我达成自己的愿望呢?我一定会成为一位杰出的学者,并能获得教授身份。如此,我便能以此为生,而且比别人生活得更好。"

父亲为难地说:"可是我没有钱供你上学。"

伽利略激动地说:"父亲,您听我说,很多穷学生都能领取奖学金,这些钱是公爵宫廷给的,所以我为什么不能去领一份奖学金呢?您在佛罗伦萨有许多朋友,交情也都不错,他们一定会尽力帮助您的。也许您能到宫廷去处理这件事,我们只需要请他们去问问公爵的老师奥斯蒂罗利希就行了,他了解我,知道我的能力!"

父亲被说动了:"嗯,你说得有理,这是个好主意。"

伽利略抓住父亲的手,开心地说:"父亲,求您尽力而为。我向您表示感激之情的唯一方式,就是保证自己成为一个伟大的科学家!"

伽利略最终说服了父亲,实现了自己的理想,成为世界著名的科学家。

因势利导，让他顺着设定好的思路思考

我们说"啃硬骨头"，是指说话的对象已经跟你站在了敌对面。要说服"敌人"更要讲究说话的技巧，这时候就可以用一些不软不硬的话，因势利导，让他顺着自己的思路来思考问题，最终让对方得出自己想要的结论。

有一年楚国攻打吴国，吴国势单力薄，吴王派沮卫给楚军送一份厚礼，顺便了解一点军情。

谁知沮卫给楚兵抓住了，把他绑得紧紧的，说要杀了他，拿来衅鼓（杀牲口，用血涂新鼓上的缝隙）。

面对死神，沮卫不慌不忙，面无惧色。楚将惊奇地问他："你出发前占卜过吗？"

"占卜过的。"

"吉凶如何？"楚将望着被五花大绑的沮卫，扬扬得意地问道。

"大吉。"沮卫的答案正和楚将问话的原意相反。

楚将高声大笑："如今就要杀掉你了，还有什么大吉啊！"

沮卫的答话仍和楚将想的完全相反："吴王派我来，目的就是要试探你们的态度。如果你们对我以礼相待，那么，吴国就会放松戒备；如果你们杀了我，还拿我的血衅鼓，吴国一定百倍警惕。这对吴国不正是件天大的好事吗？"

"然而你自己完蛋啦，这怎么能说是大吉呢？"楚将追问道。

沮卫的第三次应答还是和问者意思相反的："我占卜是问国家前

途，并非为我个人。如果杀了我就能保全整个国家，这怎么不是大吉呢？更何况人死了便没有知觉了，拿我来衅鼓对你们有何好处？要是人死了仍有灵魂，那么，我肯定要附在你们的鼓上，在战斗最激烈的时候显灵，让你们的战鼓发不出响声，使你们一败涂地！"

楚将听了束手无策，思考再三，总感到杀沮卫衅鼓已一无好处，只得长叹一声说："算了，放了他吧！"

沮卫以不软不硬的说话技巧保住了自己的性命。当然并不是非要在性命攸关的时候才使用这一技巧，其要点时让对方觉察不到你的硬与软，而硬与软这两手都已经包含在你的娓娓劝导中了。江湖经验丰富的老钟正是用了这一说话技巧才得以"全身"而退。

老钟从河南出差到武汉，有位年轻同事正准备结婚，想买一台高档进口彩电，便托老钟帮忙带回一台大屏幕彩电。

到武汉后，老钟听说汉正街的货物美价廉，尤其是小孩子的衣服比商场便宜许多。便想先去逛逛汉正街，给孙子买几件衣服，再到商场替同事看电视机。

到了汉正街，老钟发现果然名不虚传。终于替小孙子选了几套衣服。付完钱老钟正准备走，忽然发现钱包不翼而飞了。这下老钟可着急了，包里有同事的几千元钱！明明刚才付款时才拿出来的，怎么可能一下子就不见了？刚才旁边也没什么人，只有卖衣服的姑娘和自己两人。老钟思考，十有八九是卖衣服的姑娘随手把钱包塞进了衣服堆里。

老钟问姑娘："小同志，看见我的钱包没有？"

姑娘一听，翻了脸："噢，你是说我拿了？那你去叫警察呀！"

老钟一听，姑娘的口气不对，自己并没有说她拿了，只是询问一下，她这不是"此地无银三百两"吗？

老钟明白，自己只有一个人，一离开小摊，赃物转移，那就再没希望了。如果和她来"硬"的，只会把关系弄僵。于是，他决定来"软"的，他笑了笑说："我也没说是你拿了，是不是忙中出错，混到衣服堆里去了。"这话很有分寸，给姑娘下台准备了台阶。

这时来人买东西，打断了说话。他摆出了"持久战"的架势，盯着货摊。姑娘显得有些心神不安。

等货摊又只剩他们俩时，他压低声音悄悄地说："姑娘，我一下子照顾了你五六十元的生意，你怎么能这样对待我呢？我看你年纪轻轻的，在这个热闹街道摆摊，一个月收入几百上千，信誉要紧哪！"这话有恳求、有开导，还有暗示，说得姑娘低下了头，显然在进行思想斗争。

他继续道："这钱是小青年托我带结婚用的东西。要是丢了，我一个工薪阶层，哪里赔得起呀！我这一大把年纪了，还出这种事，叫我怎么有脸回去见人啦！姑娘，你就替我仔细找找吧。"

姑娘终于经不住他的恳求，说："我给你找找看。"

他说："我知道你会帮助我的。"

果然，姑娘就坡下驴，翻了一阵子，在衣服堆里"找"出了钱包，羞答答地还给了他。

正话反说，委婉地说服对方

面对别人不适当的言行，有时候不宜直接回击，而将正话反说，委婉地说服对方，则既能够巧妙地表明自己的态度，又能避免伤害对方，造成两败俱伤的局面。

楚庄王的一匹爱马死了，他非常伤心，下令以上等棺木，行大夫礼节厚葬。文臣武将纷纷劝阻也无济于事，最后楚庄王还下决心说："谁敢再劝阻，一定要杀死他。"

很明显，不论怎样改头换面，只要一说"不"，必是自取其辱。优孟知道了，直入宫门，仰天大哭，倒把庄王弄得异常纳闷，迫不及待地问是怎么回事。优孟说："那马是大王最喜欢的，却要以大夫的礼节安葬它，太寒酸了，请用君王的礼节吧！"庄王越发想知道理由了，优孟继续说："请以美玉雕成棺……让各国使节共同举哀，以最高的礼仪祭祀它。让各国诸侯听到后，都知道大王以人为贱而以马为贵啊。"至此庄王恍然大悟，赶紧请教优孟如何弥补自己的过失。终于将马付于庖厨，烹而食之。

以优孟地位之微，如果直陈利弊，凛然赴义，固然令人肃然起敬。但最终的结果却实在难以令人想象，而他正话反说，却能巧妙地达到自己的目的。

反语是语言艺术中的迂回术。正话反说以彻底的委婉，欲擒故纵，取得合适的说话角度，达到比直言陈说更为有效的说服效果。

齐国有一个人得罪了齐景公，齐景公大怒，命人将这个胆大包天的人绑在了殿下，要召集左右武士来肢解这个人。为了防止别人干预他这次杀人举动，他甚至下令："有敢于劝谏者，也定斩不误。"文武百官见国君发了这么大的火，谁还敢上前自讨杀头之冤。晏子见武士们要将那人杀头肢解，急忙上前说："让我先试第一刀。"众人都觉得十分奇怪：晏相国平时是从不亲手杀的，今天怎么啦？只见晏子左手抓着那个人的头，右手磨着刀，突然仰面向坐在一旁的齐景公问道："古代贤明的君主要肢解人，您知道是从哪里开始下刀吗？"齐景公赶忙离开坐席，一边摇手一边说："别动手，别动手，把这人放了吧，过错在寡人。"那个人早已吓得半死，等他从惊悸中恢复过来，真不敢相信头还在自己身上，连忙向晏子磕了三个大响头，死里逃生般地走了。

我们发现：正话反说可以放大荒谬，让人更为明白地见到了荒谬的真面目，从而达到了更好的说服效果。

汉武帝刘彻的乳母曾经在宫外犯了罪，武帝知道后，想依法处置她。乳母想起了能言善辩的东方朔，请他搭救。东方朔对她说："这不是唇舌之争，你如果想获得解救，就在将抓走你的时候，只是不断地回头注视武帝，但千万不要说一句话，这样做，也许有一线希望。"当传讯这位乳母时，这位乳母有意走到武帝面前，要向他辞行。只见乳母面带愁容地不停地看着汉武帝。于是，东方朔就对乳母说："你也太痴了，皇帝现在已经长大了，哪里还会靠你的乳汁养活呢？"武帝听出东方朔是话中有话，面部顿时露出凄然之色，当即赦免了乳母的罪过。

总之，说反话的效果源于它的"显微镜"作用，荒谬之上再加上荒谬，则荒谬就无处躲藏、显而易见了。

抓住关键，强词夺理只能遭人鄙视

我们说某某人会说话，某某人口才好，更多的是指一个人说话有说服力，能够抓住问题的关键并恰当地表达出来。相反，有些人说话滔滔不绝，但是言之无物或强词夺理，那只能用胡说八道而不是能言善辩来形容。

历史上和现实中许多能说会道的名人，在辩论失利时仍死守自己的城堡，因而惨败的情形不乏其例。

比如1976年10月6日，在美国福特总统和卡特共同参加的、为总统选举而举办的第一次辩论上，福特对《纽约日报》记者马克斯·佛朗肯关于波兰问题的质问，作了"波兰并未受苏联控制"的回答，并说"苏联强权控制东欧的事实并不存在"。这一发言属明显的失误，当时立即遭到记者反驳。但反驳之初佛朗肯的语气还比较委婉，意图给福特以修正的机会。他说："问这一件事我觉得不好意思，但是您的意思难道在肯定苏联没有把东欧化为其附庸国？也就是说，苏联没有凭军事力量压制东欧各国？"

福特如果当时明智，就应该承认自己失言并偃旗息鼓，然而他觉得身为一国总统，面对着全国的电视观众认输，绝非善策，于是继续坚持，一错再错，结果为那次即将到手的选举付出了沉重的代价。刊登这次电视辩论会的所有专栏、社论都纷纷对福特的失策做了报道，他们惊问：

"他是真正的傻瓜呢，还是像只驴子一样顽固不化？"

卡特也乘机把这个问题再三提出，闹得天翻地覆。

高明的论辩家在被对方击中要害时绝不强词夺理，他们或点头微笑，或轻轻鼓掌。如此一来，观众或听众弄不清葫芦里卖的什么药。有的从某方面理解，认为这是他们服从真理的良好风范；有的从另一方面理解，又以为这是他们不屑辩解的豁达胸怀。而究竟他们认输与否尚是个未知之谜。这样的辩论家即使要说也能说得很巧，他们会向对方笑道："你讲得好极了！"

能言善辩的人让人敬服，强词夺理的人只会遭人鄙视。日常生活中我们一定要谨记：能说不是多说更不是强说。如果说说话能改变结果，那么能言善辩和强词夺理正是会导致两种相反的结果。

第八章

1分钟化解危机和尴尬的语言应变术

明话暗说，树立良好的交际形象

生活中，总会出现一些令人意想不到的事情。面对仓促而至的窘境，需要我们调动一切可以调动的语言表达手段，以达到自己想要达到的交际目的，明话暗说就是很有效的一种。

首先是自嘲式的明话暗说。在交际中，有时会碰上因为自身的缺点或其他原因而出现的尴尬事，要是你懂得"自嘲"，巧妙地"揭自己的短"，反而会使自己败中求胜，树立良好的交际形象。

麦克阿瑟一贯以傲慢著称。有一次，杜鲁门会见他时，他不慌不忙地取出烟斗，装好烟丝，取出火柴准备点燃的时候，才对杜鲁门："我抽烟你不介意吗？"

麦克阿瑟显然并不是真心征求杜鲁门的意见，这使杜鲁门十分难堪。因为如果现在表示很介意的话会显得有点霸道。

此时，杜鲁门看了看麦克阿瑟，说："抽吧！将军，别人喷到我脸上的烟雾，要比喷在任何美国人脸上的烟雾都多。"

杜鲁门的这番自嘲，不但使自尊心得到保护，而且向美国人显示他的大度与宽容。还有，他把自己摆在"受害者"的地位上，可博得美国大众的同情与支持。

再就是借物说事式的明话暗说。在交际中，常可以利用身边的实物来说明某种道理或者摆脱困境，或以某件能与话题搭上关系的物品来进行对比，达到一种形象化的效果。

在民间，有一则关于蒲松龄的传说："有一次，蒲松龄到王大官人家去做客，被众人推到了上座，但独眼的管家却从下席开始斟酒，有意把他落在一旁不管。王大官人也想故意作弄他，端起酒杯朝他说："蒲先生，喝呀！"

蒲松龄端坐不动，他笑着说："大家先别急着喝酒，我说个笑话给大家助助兴。我刚出门那会儿，碰到内人正用针在缝衣服，就以针为题即兴作诗一首，现在念给大家听听：'一头尖尖一头扁，扁间只有一只眼。独眼只把衣裳认，听凭主人来使唤。'"

大家听了，一齐朝独眼管家看去，极力强忍笑意，大声叫好。这样一来，倒弄得王大官人及其管家狼狈不堪。

蒲松龄借用了针的形象，尖锐地讽刺了想为难自己的王大官人及其管家，不但保全了自己的尊严，也让捉弄自己的人"搬起石头砸自己的脚"。

生活与工作中，你也可以借身旁之物摆脱困境，让左右为难的自己找到台阶下。

如果某人在你的办公桌前滔滔不绝，而你却没有太多时间奉陪，偏偏那人又是个得罪不起的人物，你怎么办呢？

你可以写个纸条给同事小林："到隔壁的办公室打个电话给我。"

等电话响了，你可以大声说："什么，马上去！这儿有位很重要的客人，什么？不去不行？那……好吧。"

一般来说，那滔滔不绝的来客会示意你，赶快去。如果他没这么说，你也可以假装满心歉意，如此一来，既送走了来客又不会伤了他那可怜的自尊。

作为女性，经常有男士的邀请，如果想拒绝又不伤对方的心，办法有许多种，借物脱困就是妙招之一。

比如，有位男士走到你面前，说了一句："欢迎你参加！"然后就把一张入场券递给你。这时你可以从皮包里拿出笔记本，打开看看，然后说："哎呀，我和小王、小张约好今天去购物，你只有和别人同去了，不过还是很谢谢你。"

使用笔记本，会让人觉得你有时间安排。这样，即使被拒绝，对方也不会感到难堪。

还有拆词换字式的明话暗说。在说话时，将某一词拆解或将对方话语稍加改造，有时可有一箭双雕之效：既言简意赅地点破问题所在，又能醒人耳目，余味无穷。

一次，一位大学教师在课堂上评论一些社会现象，突然，一位学生发问道："现在人们对'官倒'与'私倒'恨之入骨。但如何区别'官倒'与'私倒'？"

那位教师稍加思索，答曰："'官倒'与'私倒'的区别在于：对于前者，国家国家，国即是家；对于后者，国家国家，家即是国。"

这位教师把"国家"二字拆开，把复杂的问题简单化，很好地阐释了那一组概念。

以变应变，巧妙地脱离险境

日常生活中我们处理的往往是些人际交往中的问题，即使应变不当，最多搞得自己没面子，或者事情办砸。危害生命、涉及国家大事的情况较为少见，但不等于一定遇不到。

春秋时期，秦兵企图偷袭郑国，大军已开到离郑国不远的地区，而郑国还蒙在鼓里。

这时，郑国一个名叫弦高的牛贩子得知这个消息后，急中生智，他一面派人星夜赶到郑国国君那里报信，一面又装扮成郑国的使臣，挑选几十头肥牛，乘着一辆车，迎着秦兵而去。当与秦兵将领相遇后，弦高便自称是受郑国国君之命，备了点薄礼来慰劳秦军。并称国君正厉兵秣马，训练军队。秦军将领一听，大吃一惊，以为郑国早有准备，便改变计划班师回朝了。

这个故事告诉我们，在社会竞争活动中，现实是变幻不定的。在迅速变化的形势面前，要以不变应万变才行，只知循规蹈矩，是不会成功的。

一天，卓别林带着一大笔款子，骑车驶往乡间别墅。半路上突然遇到一个持枪抢劫的强盗。强盗用枪顶着他，逼他交出钱来。

卓别林满口答应，只是恳求他："朋友，请帮个小忙，在我的帽子上打两枪，"卓别林说，"谢谢，不过请再向我的衣襟打两个洞吧。"强盗不耐烦地扯起卓别林的衣襟打了几枪。卓别林鞠了一躬，央求道："太感谢您了，干脆劳驾将我的裤脚打几枪。这样就更逼真了，主人不会不相信的。"

强盗一边骂着，一边对着卓别林的裤脚连扣了几下板机，但不见枪响，原来子弹打完了。卓别林一见，连忙拿上钱，跳上车子飞也似的去了。

这是一个突发性事件，任何人都无法估计它什么时候降临，任何人也无法预先做好应变的准备。所以，怎样根据眼前的状况采取不同的策略，是一个人应变能力与分析能力的直接体现。

有一天，玛丽小姐正在屋里休息，忽然听到门外有声响。她打开门，却见一个持刀的男人气冲冲恶狠狠地看着自己。

是入室抢劫？是杀人逃犯？

玛丽不禁倒吸一口凉气，心里打了一个冷颤。她灵机一动，迅速恢复平静，微笑着说："朋友，你真会开玩笑！是卖菜刀吧？我喜欢，我要买一把……"边说边让男人进屋，接着说，"你很像我过去的一位好心邻居，看到你真高兴，你是喝咖啡还是茶……"本来满脸杀气的歹徒，渐渐腼腆起来。

他有点结巴地说："谢谢，哦，谢谢！"

最后，玛丽真的"买"下了那把明晃晃的菜刀，陌生男人拿着钱迟疑了一会儿真走了，在转身离开的时候，他说："小姐，你会改变我的一生！"

读罢这则故事，我们不仅钦佩玛丽小姐化险为夷的过人智慧，更被她那能融化世界的爱心所折服。不是吗？一场即将发生灾难，转眼间被玛丽小姐以机智和爱心挽回了，她不但挽救了自己，也挽救并改变了这个未遂的杀人犯。这件事看起来悄无声息，回想起来却是心有余悸。因为这两位主人公的人生在这片刻之间都完成了一次由魔鬼到圣贤的净化与转折，也在各自的生命驿站中立下了一块里程碑。

后来，据说玛丽小姐与这位男人结婚了。这就是说什么事都不是绝对的。人生就是战场，处理同一问题也不能总用同一种方式。在遇到危机时也一样，面对不同环境，不同对手，不同时间，要采取不同对策，这样才能确保在危机中化险为夷。

镇定自若，用简单的语言避其锋芒

有时，面对一个突发事件或一个刁钻的问题，不知所措固然不行，试图一五一十地把问题解释清楚也不见得是个好办法。最好的回应便是：面不改色心不跳，同时迅速以简单而又能避其锋芒的语言化解。

1972 年 5 月，在维也纳一次记者招待会上，《纽约时报》记者马克斯·弗兰克尔向基辛格提出美苏会谈的"程序性问题"。

"到时，你是打算点点滴滴地宣布呢，还是来个倾盆大雨，成批地发表协定呢？"

基辛格回答："我打算点点滴滴地发表成批声明。"全场顿时哄然大笑。

那位记者发问的方式是选择提问，如果基辛格选择其中一个来回答的话，都不算妥当。基辛格巧妙地使用模糊语言将二者融合，避免了尴尬。

现实中，每个人都会经常遇到一些无法料到的困境，譬如说失言、恶意谣言、被冒犯等。

当你拿起一件精美的装饰品，问主人关于它的来历，主人回答说："这是我曾祖母的遗物。"这时，你却不小心把它掉落在地上，打得粉碎；当你应邀参加一个家庭宴会穿得西装革履，有头有脸，而其他人却身着便服时；当你在人们面前发表高论，人们却在小声散布谣言时……

这些情况显然令你非常难堪，你不能够视若无睹，而应该及时补救，以摆脱尴尬的困境。

第一种情况，你应向主人道歉，相信他会谅解你内心的难过。然后，第二天就到商店寻购礼物，找到合意的送给主人，并附上一封短笺说明你知道这个不能弥补已经损坏了的物品，但还是希望对方能够喜欢。

第二种情况，为了更好地融洽当时的气氛，你可以除去外套，并表示这个宴会过后，还要参加另外一个约会。为了及时到达，这样穿着可以免去更衣的时间。

至于第三种情况，明智的做法就是不加理睬，继续你的发言。下来之后，也不要辩解，因为你越是在公开场合为自己辩解，人们就越会相信那些谣言，导致越抹越黑。因为只要你一开始顶嘴，马上会丧失别人对你的同情和支持。

丘吉尔好像总是受到来自各方的恶言攻击。一次会议上，一个女议员狠狠地对他说："如果我是你的妻子，就在你的咖啡里放上毒药。"

丘吉尔马上说："如果我是你的丈夫，我就马上把它喝下去。"

面对无礼的冲撞，要掌握这样的应变技巧：

（1）探求出口伤人背后的原因。出言不逊的人，内心往往有许多痛苦要发泄。如果你猜不出他有什么真正的烦恼，不妨问问。记住，对方说的尖酸话不一定都是冲着你来的，因此，不妨退一步，想想他这样做是否有其他原因。

（2）分析说话本身是否真的含有恶意，抑或是自己神经过敏。

（3）勇敢面对口出恶言者，不要回避。

（4）一笑了之，开点儿玩笑应对侮辱你的话。

（5）通过某一举动来警告对方，令他自动停止恶言。

（6）不予理会，人家说什么，你不要马上动怒，可以顺着他的意思说下去，令他的话落空。

（7）假装懒得理会。人最怕别人认为他无聊讨厌，你可以假装不感兴趣，眨眨眼，打个呵欠，然后用一副"懒得理会"的表情望向别处。

（8）你不可能完全避免受到尖酸话的攻击，不妨把一些伤人的话看做是人们失意时的正常发泄，包容和谅解对方。

失言，是容易被人谅解的，因为多是无意的。正所谓"马有露蹄，人有失言"。在日常交谈中，难免说滑了嘴，从而使自己陷入窘境。

某人在一次会议上和一位要人谈话，为了使谈话活泼轻松，于是很随意地说道："看那一位穿圆点花衣服的女人，看到她我就反胃！"

没想到对方说道："那是我的太太。"

可想而知，他听到这话时是多么无地自容。

这也难怪，这样的窘境总是特别地难以补救，但并不是所有的困境都是这样。

果戈理有一句话："理智是最高的才能，但是如果不克制感情，它就不可能获胜。"如果，我们在遇到尴尬的局面时心慌意乱，不能控制自己的感情，便很难化解困境。这时，不妨来个将错就错。

清代著名学者纪晓岚机智过人。有一次，乾隆想开个玩笑为难纪晓岚，便问他："纪卿，忠孝怎么解释？"

纪晓岚答："君要臣死，臣不得不死，为忠。"

乾隆立即说："我以君的身份命你现在去死！"

"这……"纪晓岚没料到皇上竟然会这么说，"臣领旨！"

"你打算怎样死？"

"跳河。"

"好，去吧！"

但纪晓岚走了一会儿，又跑回来了。

乾隆问："纪卿，你怎么没死？"

纪晓岚答："碰到了屈原，他不让我死。"

"此话怎讲？"

"我到河边，正要往下跳时，屈大夫从水里来，拍着我的肩膀说：'晓岚，这就不对了，想当初楚王是昏君，我不得不死。你应该先问问当今皇上是不是昏君，如果皇上说是，你再死不迟啊！'"

就凭这一句，不仅回应了皇帝的"圣旨"，也化解了困境。

或许人人都有好奇心，有时不可避免地会冒失地问别人一些很私人化的问题，或涉及某方面的机密问题等。

如果自己的冒失伤害了别人，应立即承认并向别人道歉，并作自我批评，希望得到宽容。而对于别人的冒失，也应表示不在意，并迅速和尽可能地使对方感到自然。

换换思路，问题自然迎刃而解

生活中我们常会遇到一些争端，这些争端往往很难定出个谁是谁非，这时候换一种思路，找到能消除争端的法宝，让他想争也争不起来，问题自然迎刃而解。

刘复才为江夏县知事，为人极为机敏，常常两方争执不下之际，他一两句话就打了圆场。都督张之洞和抚军谭继洵平时意见就不太一致。这天，刘复才在黄鹤楼设宴，二公及其他客人都在座。酒过三巡，诸位都有不少醉意了。忽然，一位客人不知怎么谈起了武汉江面有多宽的问题。谭继洵说有五里三分宽，话音未落，张之洞就说道："不对！我记得确实，是七里三分宽。"

两人顿时争执起来，互不相让，旁边坐着的诸位客人劝说，也无济于事，只好任由他俩争执。

刘复才坐在末座，看见席间这番争执，急中生智，徐徐举起手来，说道："江面水涨，则宽七里三分。水落，则五里三分宽了。张公是就水涨时说的，谭公则是就水落时说的。两位先生都没有错。"

张之洞和谭继洵听到这话，顿时哈哈大笑起来。席间顿时恢复了原有的轻松气氛。

旁坐的客人为刘复才的片语解纷的机敏而折服。

人间需要"和事老"。有时候，双方陷入僵局，相持不下，这时"和事老"就大有用武之地了。"和事老"最高超的功夫，就是"打圆场"。

所谓"打圆场"，是指交际人双方争吵或处于尴尬境地时，由和事老出面站在第三者角度进行调解。"打圆场"运用得好，可以融洽气氛，联络感情，消除误会，缓和矛盾，平息事端，还有利于应付尴尬，打破僵局，解决问题。

凡事都有诀窍，打圆场也有打圆场的学问。归纳起来，主要有以下几点。

1. 说明真情，引导自省

当双方为某件小事争论不休时，"和事老"无论对哪一方进行褒贬过分的表态，都犹如火上浇油，甚至会引火烧身，不利于争端的平息。因此，"和事老"此时只能比较客观地将事情的真相说明清楚，而不加任何评论，让双方从事实中反省自己的缺点或错误，引导他们多作自我批评，使矛盾得到解决。

2. 岔开话题，转移注意

如果属非原则性的争论，双方各执己见，而这场争论又没有必要再继续下去。那么作为"和事老"又如何"打圆场"呢？这时，不妨岔开话题，转移争论双方的注意力。

南齐太祖萧道成提出要与当时的著名书法家王僧虔比试书法。君臣两人都认真地写了一幅楷书。然后齐太祖傲然地问王僧虔："你说说，谁第一，谁第二？"王僧虔不愿贬低自己，又不敢得罪皇帝，于是答道："为臣之书法，人臣中第一；陛下之书法，皇帝中第一。"齐太祖听后，只好一笑了之。王僧虔这种分而论之的回答是相当巧妙的，表面上是顾及了皇帝的尊严，君臣不能互相比较，实际上是回避了不愿贬抑自己，又不敢得罪皇帝的难题。

3. 归纳精华，公正评价

假如争论的问题有较大的异议而双方又都有偏颇，双方又都不肯服输，那么"和事老"应考虑双方的面子，将双方见解的精华归纳出来，也将双方的糟粕整理出来，作出公正评论，阐述较为全面的双方都能接受的意见。这样，就把争论引导到理论的探讨、观点的统一上来了。但不能"各打五十大板"。因为，所谓"各打五十大板"是不分青红皂白、是非曲直的，那样乱批一通不利于解决问题。

4. 调虎离山，暂熄战火

有的争论，发展下去就成了争吵，甚至有剑拔弩张、一触即发之势，"和事老"即可当机立断，借口有什么急事（如有人找，或有急电），把其中一人支开，让他暂时脱离争论，等他们消了火气，头脑冷静下来了，争端也就趋于平息了。

假如你想让两个过去抱有成见的人消除前嫌；假如你的亲人突然遇到过去关系很坏的人而你又在场；假如你作为随从人员参加的某个谈判暂处僵局……作为第三者，你应注意联络双方的感情，努力寻找双方心理上的共同点或都感兴趣的问题。一幅名画，一张照片，一盘棋，一个故事，一则笑话，一句谚语，一段相同或相似的经历，乃至一杯酒、一支烟都可能是双方感兴趣的话题，都可以成为融洽气氛，打破僵局的契机。

因时而变，办公室里说话悠着点

　　办公室作为工作的地方，经常出现一些意想不到的情况是很正常的，面对纷繁复杂的职场"事故"，要想作出恰当的回应，事先掌握一些办公室说话应变技巧是十分必要的。

　　1. 开玩笑却遭到怒骂时

　　开玩笑也是一种人际交流方式，但必须得到对方的共鸣才能成立。自己觉得有趣对方却不以为然，不理会对方的心情而一味地自我娱乐，是很容易激怒对方的。

　　一个职员看见上司在喝茶，便开玩笑说："领导，您啊买得茶不好，那包装看着不错，其实我一闻就知道里面不行啊，哈哈，等我回家明天把我这下属的茶叶给你带来点尝尝怎么样？"

　　没想到领导劈头盖脸来了句："你能耐，你选得好，你什么都做得好！"

　　其实，上司是早上开会时，因为科里所提出的企划方案做得不好而受到批评，没心情出去吃中饭而在办公室生闷气。

　　当上司直接向部属板起脸时，大都是因为其部属的表现令他不满。这时受到斥责的部属不但要顺他的意思，而且要赶快找出上司不愉快的原因，这样才能化不快为愉快。

　　所以，遭到上司这出乎意料之外的斥责时，应马上道歉："对不起，我竟然开了这种无聊的玩笑！"同时，要赶快回想今天到底发生了什么事，让上司这么不高兴。

早上，有什么事呢？早上科长不是只去开会吗？——对了，一定是开会时受到了批评吧！这么说，问题大概出在科里所提的企划方案吧！

"我们科里所提的企划方案，怎么样了呢？"

一确定问题点，就大胆地提出。

"那个企划不行！早上开会时……"

憋了一早上的闷气，上司终于可以借着这个问答发泄出来，等事情讲完时，刚才所造成的尴尬气氛，也会云消雾散了。

2. 说曹操曹操到时

午休时间就快要到了，科长又出去参加业界的聚会。大概就是这个缘故吧，办公室内一派闲散的样子，几位同事也在一起东家长西家短地闲谈，不知不觉说到了科长身上。李君做事认真，个性又开朗，在办公室里人缘很好，只是有点冒冒失失，喜欢一高兴就口无遮拦。不例外地，当他听到大家都在说科长的坏话时，便趁机起哄：

"我也这样认为，科长实在是一位老古板，动不动就要拿伦理道德、礼仪规范来说教，他根本就不知道现在是流行新潮的时代……"

说着说着李君发觉情形有些不对，原来科长已站在自己的后面。

"怎么，我又哪里不好了吗？"

科长当场就冲李君丢下这么一句火药味极重的话，糟了，李君这下子万事休矣！

可是，李君也不见得就这样万事休矣！因为平时科长对他很满意，至少他可以利用这点来挽回面子。

在这种情况下，无理地强辩只会把气氛越弄越糟。最好的方法还是赶快低下头道歉！通常一位通情达理的上司看到下属诚心认错时，应该都会既往不咎的，至少也不会让属下难堪或下不了台。

李君立即向科长说了句："对不起，科长。"科长听到李君的道歉后，反而莫名其妙地说："这又是怎么一回事呢？怎么好端端地向我道歉啊？"

　　既然科长已经佯装不知了，李君这时心存感谢地唱和道："还好刚才的话没有被科长听到，真是谢天谢地！"

　　换句话说，就是彼此都装糊涂，这样才能化解尴尬的气氛。

　　事后，李君谨记科长放自己一马的恩惠，下决心在往后的工作上好好地表现以作回报。

　　3. 别人叫不出自己的名字时

　　在外面邂逅以前认识的朋友或同事，待上前去打招呼时，却因对方记不起自己的名字，致使彼此尴尬而散。这种情况相信很多人都曾有过！

　　比如参加讨论会或公司集训时，碰到过去在一起工作的老同事，于是自己便很兴奋地过去打招呼：

　　"赵老，好久不见了，您好吗？"

　　对方也像看到了熟面孔似的回答但却叫不出你的名字，等寒暄问候的话一讲完，对方就显得很局促不安而想找理由离开。

　　因为叫不出对方姓名时，既不敢开口请教，又害怕被对方看穿真相，因此，心虚、不安，想要尽早离去。

　　这时，你就应该很巧妙地把自己的名字夹在谈话中。譬如："最近偶然也会碰到当时跟我们在一起的伙伴，他们还是老样子，仍然取笑我叫小呆。想从前，真是多亏您的照顾……"

　　这样对方可能就会安心，至少不会急着打退堂鼓。

　　人总难免会有忘记别人名字的时候，因此将心比心，既要体谅别人的处境，又要尽量避免让别人出洋相。相反地，要是自己想不起对方的名字，怎么办才好呢？这时您可以这样应变：

　　"对不起，您可否给我一张名片？"

　　"嗯！名片吗？！"

　　"是的，拜托！拜托！"

　　或许，一开口就讨名片，别人会感到唐突，因此，您要非常不介意似的，等接过名片后，再说：

"以后有机会，我便可很快地凭这张名片和您联系了……"

然后，你就可以依名片上的姓名来称呼对方了。

4. 名字被叫错时

名字类似的同事在同一个集体内，经常会有张冠李戴的笑话发生。

像朱华先生就是这样。因为在同一公司内凑巧就有一位老同事叫做"陈华"，因此，他经常被误叫名字。

今天一位新分配的女职员一时疏忽，又叫他"陈华先生"，他感到非常懊恼，因此就默不吭声不理睬对方。

这样做对吗？

碰到这种情况，首先要忍住一时的气愤。

被当面叫错名字，不论是谁都会觉得不舒服。当事者在那一瞬间的反应，可能会造成极端不同的结果。

汉字中有很多同音异字，譬如一个名字叫做"健"的人，难免会有被错写成"建""贱"……这时候倒可以纠正对方：

"对不起，我的名字是健康的'健'呀！此'健'非彼'贱'哦！"

名字被弄错时，这种近乎诙谐的指正方法，反而会令大家皆大欢喜，更加融洽。

其次，把自己的特征和名字连在一起。

一时疏忽而弄错姓名的事，似乎屡见不鲜。其中有很多是没有把对方的姓名和外貌记清楚，所以才出现张冠李戴的错误。

无论如何，对被弄错姓名的人而言，如果不想办法叫对方记住自己的名字，以后难免仍有不愉快的情形发生。最好的应变方法之一，就是把自己外表的特征和名字连在一起告诉对方。

巧妙回击，以其人之道还治其人之身

有些问题不论你回答"是"或"否"都可能给你带来麻烦。面对这样的问题，先不要急于给出答案，一定要想好了再说。

一些让人难以回答的问题，经常会带有明显的挑衅色彩，这时候你可以采用同样的方式巧妙回击。

乡间，一无赖站在十字路口拦住一位过路的姑娘："你说，我是要往东去，还是要往西去？猜中了就放你走。"对此，姑娘怎么答都不会对，因为他的问话不排中，并非非此即彼，还有南和北。这时，姑娘掏出手绢揉成一团："女士优先。请让我先问你一个问题好吗？"无赖有恃无恐，便答应了。姑娘便说："你猜猜，我这手绢是要丢向东边，还是丢向西边？"

无赖当然同样不能答，只好让姑娘走了。

这位姑娘以其人之道还治其人之身，既维护了自己的利益，又有力地回击了对方的无理要求，可谓一举两得。

面对不同的对象，就要选择不同的回答方式，对待朋友的提问，你可以采用自嘲的方式，让问题偏向对自己有利的方面。

某先生酷爱下棋，但又好面子。一次与一高手对局，连输三局。别人问他胜败如何，他回答道："第一局，他没有输；第二局，我没有赢；第三局，本是和局，可他又不肯。"乍一听来，似乎他一局也没有输。第一局他没输，不等于我输，因下棋还有个和局；第二局我没赢，也不等于我输，还有和局嘛；第三局也不等于我输，本是和局，可他争强好胜，我让他了。

这样的回答，比直接说"我输了三局"要高明得多。

在一些特殊情况下，面对对方的谎话，我们也需要编造谎话，以子之矛攻子之盾，让对方谎言不攻自破。

一次，邻居盗走了华盛顿的马。华盛顿和警察一道在邻居的农场里找到了马，可是邻居硬说马是自己的，不肯把马交出。华盛顿想了一下，用双手将马的双眼捂住说："既然这马是你的，那么，你说出它的哪只眼睛是瞎的？""右眼。"邻居回答说。华盛顿把手从马的右眼移开，马的右眼光彩照人。"啊，我弄错了，"邻居纠正说，"是左眼！"华盛顿把左手也移开，马的左眼也光亮亮的。"糟糕！我又错了。"邻居为自己辩解说。"够了够了！"警察说，"这已经足以证明这马不属于你！华盛顿先生，我们把马牵走吧！"

邻居为什么被识破？因为华盛顿善于利用思维定式，先使邻居在心理上认定马的眼睛有一只是瞎的，这在心理学上叫作"沉锚效应"。邻居受一句"它的哪只眼睛是瞎的"暗示，认定了"马有一只眼睛是瞎的"，所以，猜完了右眼猜左眼，就是想不到马的眼睛根本没瞎，华盛顿只不过是要让他当场现原形而已。

复杂问语就是这种利用"沉锚效应"，隐含着某种错误假定的问语。对这种问语，无论采取肯定还是否定的答复，结果都得承认问语中的错误假定，从而落入问者圈套。如一个人被告偷窃了别人的东西，但又死不承认偷过。这时审问者便问："那么你以后还偷不偷别人的东西？"无论其回答"偷"还是"不偷"，都陷入审问者问语中隐含的"你是偷了别人的东西"这个错误假定中。

对这类问题，不能回答，只能反问对方，或假装糊涂，不明白对方问语的意思。

要想恰当地回答别人提出的问题，就要多动动脑子，争取摆脱"二难"问题的困境，掌握谈话的主动权，如果不假思索，脱口而出，通常只会给自己带来难于解决的问题和麻烦。

掌握分寸，拒绝他人不再尴尬

每个人都有得到别人理解与帮助的需要，每个人也都常常会收到别人的请求和希望。可是，在现实生活中，谁也无法做到有求必应，所以，为了避免拒绝他人时的尴尬，掌握好说"不"的分寸和技巧就显得很有必要。

人都是有自尊心的，一个人有求于别人时，往往都怀有惴惴不安的心理，如果一开口就说"不行"，势必会伤害对方的自尊心，引起对方强烈的反感，而如果话语中让他感觉到"不"的意思，从而委婉地拒绝对方，就能够收到良好的效果。

要拒绝、制止或反对对方的某些要求、行为时，你可以用不相关的人为借口，避免与对方直接对立。比如，你的同事向你推销一套家具，而你并不需要，这时候，你可以对对方说："这样的家具确实比较便宜，只是我也弄不清楚究竟怎样的家具更适合现代家庭，据说有些人对家具的要求是比较复杂的。我的信息也太缺乏了。"

这种情况下，同事只好带着莫名其妙或似懂非懂的表情离去，因为他听出了"不买"的意思，什么"更适合现代的家庭"，却是一个十分笼统而模糊的概念，这样，即使同事想组织"第二次进攻"，也因为找不到明确的目标而只好作罢。

当别人有求于你的时候，很可能是在万不得已的情况下才来请你帮忙的，其多半是既无奈又不好意思的。所以，先不要急着拒绝对方，应该尊重对方的愿望，从头到尾认真听完对方的请求，先说一些关心、同情的话，然后再讲清实际情况，说明无法接受要求的理由。由于先说了一些体谅对方的话，对方才能相信你所陈述的情况是真实的，相信你的拒绝是出于无奈，因而也就能够理解你。

比如有个朋友想请长假外出经商，找到某医院想让朋友帮忙出具一份假的肝炎病历和报告单。

这种作假行为医院早已多次明令禁止，一经查实要严肃处理。于是该医生就婉转地把他的难处讲给朋友听，最后朋友说："我一时没想那么多，经你这么一说，我也觉得这个办法不行。"

这样的拒绝，既不会影响朋友间的感情，又能体现出你的善意和坦诚。

拒绝对方，还可以幽默轻松、委婉含蓄地表明自己的立场，那样既能达到拒绝的目的，又可以使双方摆脱尴尬处境，活跃融洽气氛。

美国总统弗兰克林·罗斯福在就任总统之前，曾在海军部担任要职。有一次，他的一位好朋友向他打听在加勒比海一个小岛上建立潜艇基地的计划。罗斯福神秘地向四周看了看，压低声音问道："你能保密吗？""当然能。""那么"，罗斯福微笑地看着他，"我也能。"

弗兰克林·罗斯福用轻松幽默的语言委婉含蓄地拒绝了对方，在朋友面前既坚持了不能泄露的原则立场，又没有使朋友陷入难堪，取得了极好的语言交际效果。以至于在罗斯福死后多年，这位朋友还能愉快地谈及总统这段逸事。相反，如果罗斯福表情严肃、义正词严地加以拒绝，甚至心怀疑虑，认真盘问对方为什么打听这个、有什么目的、受谁指使，岂不是小题大作、有煞风景，结果必然影响双方的友情。

委婉的拒绝能让对方知难而退。比如，有人想让庄子去做官，庄子并未直接拒绝，而是打了一个比方说："你看到太庙里被当做供品的牛马吗？当它尚未被宰杀时，披着华丽的布料，吃着最好的饲料，的确风光，但一到了太庙，被宰杀成为牺牲品，再想自由自在地生活着，可能吗？"庄子虽没有正面回答，但一个很贴切的比喻已经回答了，让他去做官是不可能的，对方自然也就不再坚持了。

其实，拒绝别人的方式有很多种，你可以给自己找个漂亮的借口，或者运用缓兵之计，当着对方的面暂时不做答复。或者用一种模糊笼统的方式让对方从中感受到你对他的请求不感兴趣，从而达到巧妙的拒绝效果。

利用破绽，巧妙反击对方的挑衅

做老实人说老实话，本来应该是一条为人处世的准则，但若一味地老实宽厚，反倒会纵容别人不恰当的言行，所以，面对别人的无礼攻击和嘲笑挖苦，我们一定要学会适当地反击，维护自己的利益和尊言。

一个吝啬的老板叫伙计去买酒。却没有给钱，他说："用钱买酒，这是谁都能办到的；如果不花钱买酒，那才是有能耐的人。"

一会儿伙计提着空瓶回来了。老板十分恼火，责骂道：

"你让我喝什么？"

伙计不慌不忙地回答说：

"从有酒的瓶里喝到酒，这是谁都能办到的；如果能从空瓶里喝到酒，那才是真正有能耐的人。"

显然，老板只是想占对方的便宜，如果伙计不能有效地反驳他荒谬的论调，就有可能遭到老板的严厉训斥，或者是自己贴钱给老板买酒，无论如何吃亏的人都是他自己，没准儿还会助长老板的嚣张气焰。

在现实生活中，如果我们遇到了这样无理取闹、蛮不讲理的人，也一定要据理力争，适当反驳，切不可一味地任其摆布。那么，具体应该如何反击这种无理取闹的行为，让对方承认错误呢？

首先，要控制自己的情绪。以"骤然临之而不惊，无故加之而不怒"的大丈夫的涵养与气量，在气质上镇住对方。

其实，要冷静考虑对策，从中选出最佳方案，以免做出莽撞之举。

最后，还要选准打击点，反击力要猛，一下子就使对方哑口无言。

著名诗人马雅可夫斯基才华横溢，又具有很强的个性和正义感。他看不惯并不能容忍一切腐败现象，就对此进行猛然的抨击，但一切依然如故，有时候他还会受到对方的嘲笑和挖苦。

即便如此，马雅可夫斯基仍然会坚持自己的立场，对一切攻击进行尖锐的驳斥。

在一次演讲中，他刚讲了一个笑话，忽然有人喊道："您讲的笑话我不懂！"

"您莫非是长颈鹿！"马雅可夫斯基感叹道，"只有长颈鹿才可能星期一浸湿了脚，到星期六才能感觉到呢！"

"我应当提醒你，马雅可夫斯基同志，"一个矮胖子挤到主席台上嚷道，"拿破仑有一句名言：从伟大到可笑，只有一步之差！"

"不错，从伟大到可笑，只有一步之差。"他边说边用手指着自己和那个胖子。

诗人接着回答条子上问题。"马雅可夫斯基同志，您今天晚上得了多少钱啊？"

"这与您有何相干？您反正是分文不搔的，我还不打算与任何人分哪！"

"您的诗太骇人听闻了，这些诗是短命的，明天就会完蛋，您本人也会被忘却，您不会成为不朽的人。"

"请您过一千年再来，到那时我们再谈吧！"

"马雅可夫斯基，您为什么喜欢自夸？"

"我的一个中学同学舍科斯皮尔经常劝我：你要只讲自己的优点，缺点留给你的朋友去讲！"

"这句话您在哈尔科犬已经讲过了！"一个人从座位上站起来喊道。

"看来，"诗人平静地说，"这个同志是来作证的。"诗人用目光扫视了一下大厅，又说道："我真不知道，您到处在陪伴着我。"

一张条子上说："您说，有时应当把沾满尘土的传统和习惯从自己身上洗掉，那么您既然需要洗脸，这就是说，您也是肮脏的了。"

"那么您不洗脸，您就自以为是干净的吗？"诗人回答。

"马雅可夫斯基，您为什么手指上戴戒指？这对您很不合适。"

"照您说，我不该戴在手上，而应该戴在鼻子上喽！"

"马雅可夫斯基，您的诗不能使人沸腾，不能使人燃烧，不能感染人。"

"我的诗不是大海，不是火炉，不是鼠疫。"

马雅可夫斯基在与这些个别观众的交战中，既驳斥了对方无理取闹的言行，也有力地维护了自己的立场和尊严。

然而，有时反击这种不适当的言行，也不宜锋芒太露，旁敲侧击，指桑骂槐，反而更为有利。

有个叫比尔的人，常以愚弄他人而自得。一天早上，他坐在门口吃面包，看见杰克逊大爷骑着毛驴从远处哼呀哼呀地走了过来，于是他就喊道："喂，吃块面包吧！"

大爷出于礼貌，从驴背上跳下来说："谢谢您的好意。我已经吃过早饭了。"

比尔却一本正经地说："我没问你呀，我问的是毛驴。"说完，很得意地一笑。

对比尔这一无礼侮辱，杰克逊大爷十分气愤，却又无法责骂这个无赖。他抓住汤姆"我和毛驴说话"的语言破绽，狠狠地进行了反击。

他猛然转过身，"啪，啪"照准毛驴脸上就是两巴掌，骂道："出门时我就问你城里有没有朋友，你斩钉截铁地说'没有'，没有朋友为什么人家会请你吃面包呢？""叭，叭"对准驴屁股又是两鞭，说："看你以后还敢不敢乱说？"骂完，翻身上驴，扬长而去。

大爷借教训毛驴，嘲弄无赖巳和毛驴建立了"朋友"关系，使他有苦难说，无辫子可抓，巧妙地反击了比尔的挑衅。

总之，对于故意寻衅的敌人和尖酸刻薄的语言，我们一定要学会恰当地反击，而不能一味地忍让和宽厚下去，让他小人得意。为人兼有软硬两手，才是处世自保并争取主动的真理。

第
九
章

沟通高手需要掌握的 11 个细节训练

拿出勇气，关掉你脑中的紧张接收器

很多人在别人面前说话会紧张，在会议或公开场合需要发言时，勇气就不知跑哪儿去了，总是畏畏缩缩的。说话的时候，你可能也是手心冒汗双手发抖，连声音都颤抖起来，然后整个脑子一片空白，连自己在说什么都搞不清楚，中断好几次自然是少不了的状况。这是为什么呢？其原因在心理学上是这样解释的："说话者从听者的表情、动作及眼神中，自认为听者对自己的说话方式及内容感到不耐烦。"所以说，会紧张的原因，就是因为讲话者的意识与注意力，转移到了令你不安的对象身上。

的确，当听者的表情及态度，与说者的预期有所差距，甚至是超出其想象之外时，说者的意识就已经离开了话题本身，注意力就会转移到听者的身上。

比如说，说者本来预期这一席话可以惹得哄堂大笑，可是放眼望去，听众却丝毫不为所动，而且以冷漠的眼神望着他；或者是他期望大家能轻松点来听他说话，没想到大家的表情却都很严肃，并且以锐利的眼光望着他。这些未能被预期的状况，让说者的注意力无法集中在说话本身，因此产生紧张心理。

不过，不是只有你会紧张！如果市场上有卖"防止紧张"的药，那它的销售量一定不会差的，就连那些演说家也可能会争相购买。这说明了什么？不管是谁，大家多多少少都会紧张，如果你知道这个事实，就会认为"会紧张是当然的"，"大家都会紧张，没什么好怕的"。不信的话，你去问身边的朋友，看他们在人面前说话时会不会紧张。那些你以为很大方的人，给你的答案一定是肯定的。如此一来，你紧张的心情自然能舒缓不少。

不过这样还不够，为了让自己在人前能自然地说话，还是得靠多练习，先一个人多发声练习，接着多在人前练习说话，这样才能消除紧张，自然地说话。

你在面对众人说话前，往往会想："会不会紧张呢？如果紧张起来，那可就丢脸了。"这样的想法一旦产生，由大脑的功能来看，就等于是在上台前就为自己启动了脑中的"紧张接收器"。开始说话后，只要遇上一点点小问题，脑中的"紧张接收器"就立刻收到信息，于是果然就开始紧张起来了。

事实上，"紧张接收器"随时存在脑中，但是它是用在性命攸关的时候，上台说话时，根本不需要这个"紧张接收器"，所以请把它关掉。

你也许会想："有这么简单吗？"真的是不难的，只要你在上台之前对自己说："关掉紧张接收器哦！"特别是在你感到不安时，一定要认真地说个两三遍，因为说出来的话会影响到你的心理，多说几遍能消除你心中的不安。

多说多练，机会越多进步越快

狄里斯在西欧被称为"历史性的雄辩家"。

据说，他天生声音低沉，且呼吸短促，口齿不清，旁人经常听不到他在说些什么。当时，在狄里斯的祖国雅典，政治纠纷严重，因此，能言善辩的人格外引人注目，备受重视。尽管狄里斯知识渊博，思想深邃，十分擅长分析事理，能预见时代潮流和历史发展趋势，但是他认为，自己缺乏说话技巧，容易被时代淘汰。

于是，他作了一番周密细致的思考，准备好了精彩的演讲内容，第一次走上了演讲台。不幸的是，他遭到了惨重的失败，原因就在于他声音低沉、肺活量不足、口齿不清，以至于听众无法听清楚他说的是什么。但是，狄里斯并不灰心，他反而比过去更努力地训练自己的说话能力。他每天跑到海边去，对着浪花拍击的岩石放声呐喊；回到家中，对着镜子观察自己说话的口形，坚持不懈地做发声练习。狄里斯如此努力了好几年，终于功夫不负有心人，再度上台演说时，博得了众人的喝彩，并一举成名。

由此可见，只有刻苦勤奋、坚持不懈地练习，才能获得令人满意的说话沟通水平。因此，我们不应该放过任何一次当众练习讲话的机会。

当我们参加某一个团体、组织，或出席聚会时，不要只作一个旁观者，而要施展浑身解数，勤奋地进行口才练习。比如，设法做各类活动的主持人，这样，就有机会接触那些口才好的人，可以向他们学习说话的技巧，还可以担负一些发表言论的任务。

以山姆·李文生为例，他不但是广播、电视明星，而且还是在美国很有影响力的演讲者。他在纽约任中学教员时，就喜欢与亲人、同事和学生就工作和生活中的一些事情发表意见，作简短的谈话。没想到这些谈话引起了听众热烈的反响。不久，他受邀为许多团体演讲，后来，成了许多广播节目里的特约嘉宾。之后，山姆先生便改行到娱乐界发展，且成就非凡。

由此可见，没有哪一种工作不需要说话沟通。练习的机会越多，改进的机会也就越多，只有不停地练习，你才能知道自己进步到了何种程度。

积累素材，丰富你的谈资

俗话说"巧妇难为无米之炊"，要想跟他人顺利地沟通，必须要有丰富的谈资，也就是说话的素材。这就要求你在平时多留心，收集一些有趣的事或一些妙句警句。

在你看报的时候，拿一支铅笔，把每天最有兴趣的新闻，或是所看的好文章勾出来，要是能剪下来就更好。一天只要两条，两个星期之后，你便记得不少有趣的事情了。

在你看杂志或书籍的时候，每天找出一两句你认为很有意义的话，用铅笔勾出来，或抄在日记本上，开始时不要贪多。每天只要一两句，又省事，又容易记。千万不要看不起这一两句，如果能够坚持，两三个月后你就发现自己的思想比以前丰富多了。每当谈话的时候，很容易就想起它们，或者用自己的话把它们加以发挥。这些有意义的话，随时随地都会冒出来帮助你，解救你的窘境。

在听演讲时，在听别人的谈话时，随时都可以听到警言妙语。请把这些抄在纸上，记在心里。

久而久之，你谈话的素材就越来越丰富了，你的口才就越来越纯熟了，甚至可以"出口成章"，随便说什么都可以有条有理，生动活泼了。

为了提高练习口才的兴趣，现在顺便用几句常常使用的话作为例子：

"爱一个人，最要紧的是爱他的将来。"

"个人一定要顾及团体，因为保护他的是整个团体。"

"不灭的只有事业，生命是在运动中发育起来的。"

"对于学习，永远没有太老的时候；对于改过，永远没有太迟的时候。"

"聪明人从傻瓜那里学到的东西，比傻瓜从聪明人那里学到的东西多得多。"

这些话多多少少带有一点书生气。当你说这些话的时候，只需根据它的思想内容，自己再加以发挥，把它说得更明白一些，更顺口一些。

再举一个怎样利用的例子吧！

人们遇见许多这样的事情：恋爱中的男生总是希望他的恋人把学业停止，或是把工作辞掉，立刻跟他结婚。

女孩子大学读了三年，只差一年就毕业了，可他就不能等。有的女孩子有了收入较高的职业，而且在公司里面担负很重要的工作，可是男方并不看重女方的这种社会地位和她的工作机会，总希望自己的爱人整天待在家里，无所事事地做他的妻子。

在这种场合，假如有机会的话，人们总是劝男方改变他的想法。人们会对他说："你真爱她吗？那么为什么不为她的前途想一想呢？"人们还会说："如果你爱她，为什么要牺牲她辛辛苦苦经过多少努力得来的学业或是社会地位呢？"

人们也警告那些初次陷入情网的女孩子们说："无论你的男朋友说他怎么爱你，都是假的，除非他的一言一行都是为你的前途着想。仅仅是为你着想，这是不够的，一定要为你的前途着想这才是真正的爱。"

这些话，有时候会产生很大的效果，有些纯洁善良的朋友听了之后，的确能够多多少少改变他们或她们的想法，使其将目光放远一点，不被一时的欲望、一时的冲动，或是目前的利益所迷惑，所限制。

要知道，上面说的这么多话，都是从"爱一个人，最要紧的是爱他的将来"这句话发挥出来的。

你把这句话体会得越深，你就能把它应用得越广，它就会以各种各样的形式出现在你的言语里。

善于学习，三人行必有我师

说话素材的丰富不仅要在生活中积累，从书本中吸收，还要懂得向他人学习，学习他人的说话技巧，学习他人如何把知识转化为话题，并且记住他们的话题。

对于那些沟通能力强的人，你要把他们每一句话的效果在心中加以研究，加以比较。什么时候，他们的话说得不够好，叫人不太明白；什么时候，他们的话叫人哈哈大笑。他们走了之后，别人又在怎样地评论他，诸如此类，都是你训练口才的重要参考资料。

如果你能认识一位口才很好的朋友，那你便应该多和他接近，很用心地研究他怎样说话，怎样使用表情，怎样引起别人的兴趣。如果你能遇到一位很好的演讲家，就更不要放过机会，他的每一次演讲，你都要去听。他的每一句话，每一个姿态，你都要记在心中，带回家细细地咀嚼、琢磨。

当你真的无话可讲的时候，不妨静静地坐着，仔细地听别人讲，记住他们的话，比较他们的谈话的优劣。有什么不明白的地方，设法提出适当的问题。

英国戏剧大师萧伯纳的口才是有口皆碑的。但是，他年轻时却胆小木讷，拜访朋友都不敢敲门，常常"在门口徘徊 20 分钟"怯于开口。后来，他鼓起勇气参加了"辩论学会"，不放过一切机会和对手争辩。他练胆量，练语言，练机智，千锤百炼终成口才家。他的演说，他的妙答，传诵至今。有人问他是怎么练口才的，他这样回答："我是以自己学溜冰的办法来做的——我固执地、一味地让自己出丑，直到我习以为常。"

现在有很多年轻人，从学校毕业之后，就放弃了学习的精神，这是错误的态度，人应该活到老学到老。现在有人以为学习就是要看书，这是片面的看法，日常生活中有更广阔的学习空间。

无论男人还是女人，与人交谈时，除了能培养兴趣外，还能增广见闻。有了这种想法，你的世界里，应该不会再有不感兴趣的话题存在了。

年轻女性的话题总是局限于流行的服饰、首饰的潮流等，有的人除了烹饪以外，对其他的话题都不感兴趣，这种做法限制了话题的范围，怎么能成为说话的高手？成为受欢迎的人呢？

和呆板的人交谈时，只要你多花一点心思去注意，你也会发现很有趣的地方。还有从老人家、双亲、上司……的谈话中，也往往可以得到非常丰硕的收获。现在的年轻女性，都具有很强烈的反抗意识，往往将双亲的话置诸脑后，请耐下性子，好好地听一次，你会发现很有趣、很有用的一面，听完后，你若觉得有必要批评的话，再去批评也不迟，批评和聆听是两回事。

一般来说，和老人闲谈是很有趣的。当然，有时也免不了会觉得他们所说的话很无聊或是太落后，但是，不管怎么说，老人家的经验多，知识丰富，他们的话还是值得一听的。

总之，要想使自己有丰富的话题可谈，要善于向周围的人学习，因为他们的话题是我们经常会谈到的，是交谈中最容易谈论、最轻松的话题。

言不在多，说到点子上才是真功夫

在人际交往中，要想使自己说的话收到良好的效果，就必须把要说的话说透、说明白，因此，所用的语言要简洁、精练，使听者能在较短的时间里听明白你所说的话。反之空话连篇，言之无物，必然误人时光；语言还要力求通俗、易懂，如果不顾听者的接受能力，用文绉绉、艰涩难懂的语言，往往既不亲切，又使对方难以接受，结果事与愿违。

"言不在多，达意则灵。"讲话要语不厌精，字字珠玑，简练有力，让人听着舒服。冗词赘语，唠唠叨叨，不得要领，必令人生厌。不少演讲大师惜语如金，言简意赅，留下珍贵的篇章，成为"善辩者寡言"的典型。

最短的总统就职演说，首推 1793 年华盛顿的演说，仅 135 个字。

林肯著名的葛提斯堡演说只有 10 个句子，他的演讲重点突出，一气呵成。林肯的演讲词仅 600 字，从上台到下台还不到 3 分钟，却赢得了 15000 名听众经久不息的掌声，并轰动了全国。当时报纸评论说："这篇短小精悍的演说是无价之宝，感情深厚，思想集中，措辞精练，字字句句都很朴实、优雅，行文完美无疵，完全出乎人们的意料。"

1984 年 7 月 17 日，37 岁的法国新总理洛朗·法比尤斯发表的演说，更是短得出奇，演讲词只有两句："新政府的任务是国家现代化，团结法国人民。为此，要求大家保持平静和表现出决心。谢谢大家！"措辞委婉，内容精辟。

上述这些演讲大师们驾驭语言的功力都是非凡的。

语言除应简洁、精练外，还应通俗易懂，否则，不但达不到预期效果，甚至会闹成笑话。

一天晚上，某书生被蝎子咬了，他摇头晃脑地喊道："贤妻，迅燃银灯，尔夫为毒虫所袭！"

连说几遍，他妻子怎么也听不明白。疼痛难忍的书生气急之下只好叫道："老婆子，快点灯，蝎子咬着我啦！"这一则笑话是讽刺那些专会咬文嚼字、不注意口语化的人。下面一则则是讽刺那些谈话文绉绉、酸溜溜的人。

一天，某村中学一教师家访，正碰上这学生家宾客盈门：他见自己来得不是时候，便连连向家长道歉："请恕冒昧！请恕冒昧！"学生家长顿时怔住了。次日，家长专程到学校找校长评理："昨天是我妹妹大喜的日子，贵校某老师不知羞辱地对我说：'请许胞妹'要我把妹妹许配给他，我看他是'发疯'。"校长知道这位老师作风正派，工作负责，觉得奇怪，便立即找他核实，并向家长做了解释。家长自责文化水平低，真糊涂。这位老师既羞且恼，哭笑不得，这场风波就是因为他语言不通俗造成的。

对广大群众讲话，应该明白晓畅，通俗易懂。口头语言与书面语言有较大的差异，有的人在讲话中过多地使用书面语，而不是口语，也使人听了很不是滋味。比如有一个青年在演讲中描述他听到母亲被迫害致死的心情说："我的心海荡起悲哀的浪潮，两只眼睛犹如双泉盈满晶莹的、清澈见底的泪水，最后我的两行泪水像断线的珍珠纷纷落下。"台上讲者痛哭失声，台下却发出一阵笑声。这样的讲演自然是不成功的。其失败原因在于，他不讲究语言的实际效果，只一味追求形式上的华美。

社会语言需要用讲话者和听者双方都习惯、共同感兴趣的"大白话"来表达，这样才容易沟通感情，交流思想。若追求华丽新奇，过分雕琢，听者就会认为这是在炫耀文采，从而对你的讲话一只耳朵进，一只耳朵出。话说得再漂亮也不会有什么力量。所以，使用语言正像鲁迅说的："有真意、去粉饰、少做作、勿卖弄。"

苏东坡对语言的使用有颇为精妙的见解："凡文字，少小时须应气象峥嵘，彩色绚烂；渐老渐熟，及造平淡；其实不是平淡，乃绚丽之极也。"我们应当把语言的简洁精练、通俗易懂作为人际沟通的基本功，不断地加强训练和学习。

自然流利，掌握说话的最高境界

说话不仅可以表现一个人的内在形象，更可以体现一个人的内在修养。

那些讲话磕磕绊绊没有任何节奏感的人，很少能够打动我们，这样的人，几乎说不出什么值得我们注意的东西。

掌握好节奏的最高境界是说话自然流利。

当然，恰当的停顿不属于不流利，因为我们经常利用停顿展开新的思路，或者从一个要点过渡到另一个要点，或者重复某个词以期给听众留下更深一层的印象。

磕绊的次数是可以数出来的，这也是熬过听那些令人生厌的讲话的有趣方法。在大多无味的讲话中都会有磕绊。在你自己的讲话中，请别人统计一下磕绊的次数，具有很大的实际价值。

很少有人能够在即兴讲话中不出现磕绊情况。我们发现最多达到每分钟 30 处，许多的教授也有 20 处之多。

那么，如何提高说话的流利水平呢？

首先，应熟悉讲话的主题。如果我们的思考没有发生迟疑，要说的话也就会很流利地说出。充分的准备可以增加流利程度，因为这能增加自信心，从而更能坚信自己要讲的东西。另外，熟悉主题会使讲话者有更大激情，这种激情会使讲话者的整个身心都投入到演说之中。这样，流利也就不成问题了。

其次，发音要准确。发音含混不清是说话犹豫的一种表现。如果讲话者连续几个地方都有含混不清的现象，就会让人觉得他其实并不知自己在讲什么。因此，如果我们能有意识地在流利方面做出一些努力，一定会收到很好的成效；反之，如果我们在演说的其他方面下工夫，而认为到时候自然会流利起来，那结果将只有失望。

再次，要充满热情。我们注意到，人们激动时，声音变高，语速变快，此时，语言似乎更加流利。所以，在演讲时，如果你的情绪已经紊乱，如果你站在听众前面怕得发抖，你就特别要大声地讲话，用你的热情感染大家。

最后，迅速地讲话也能提高流利程度。当你迅速讲话时，你的心理便能更快地发挥功能，就像阅读一样，如果你能集中力量快速阅读，那么，在你读一本书的时间内，你就能读两本书，并且获得更透彻的理解。掌握好说话的节奏，使说话就像琴弦一样有张力，像流水一样缓缓东流。对此，我们应去积极地学习。

改变习惯，让自己的声音更有魅力

声音是一个人的个性特征之一，电话中我们往往能从对方的第一句话就判断出他是谁，同样，声音对语言有着强大的辅助作用。比如，同样的话对一位年轻女性去说，一个清晰、带有磁性的男中音比一个公鸭嗓或是尖厉的高音的效果不知要好多少。

一个正常人，其发音有 12～20 个音阶。当然，那些职业演员和歌唱家要更高一些，有的可达到 36 个音阶。但不幸的是，有些人的声音可能只有 5 个音阶，他们发出来的声音听起来就像一根弦在拨动，十分单调，令听者感到头脑发涨。由此可见，一个人发出的声音是否能吸引住谈话的对象，对交际的成功非常关键，在商务交往中更是如此。当你与他人讲话时，你所发出的每一个声音应首先给他人留下良好的印象，力求让人更好地了解你。

苏珊是一家广告公司的资深业务经理，她最关心和留意客户的销售问题，并总是乐于帮助他人解决难题，但她的声音却让人生厌，那尖锐的声音就像一个小女孩发出的叫声。她的老板私下说，我很想提升她，但她的声音又尖又孩子气，让人感到她说的话缺乏认真。我不得不找一个声音听起来成熟果断的人来担任此职。显然，苏珊就是因为自己说话的音调不合适而失去了提升的机会。

事实上，一个人的声音不是一成不变的，通过一些技巧训练，可以克服平时的一些怪癖和不良习惯，从而改善你说话时的语调、发音、音量、节奏、速度等。

（1）为了更加准确地知道自己的声音，你可以将录音机放在电话旁边，听听你每天打电话时的声音。

（2）请家人或朋友对你的声音作出一个真实的评述。

（3）将你在停顿或静默时反复使用的语气词记下来，在今后的谈话中尽量避免使用。

（4）进行发音训练。你可以在图书馆找到一些有关的书籍，针对自己的特点进行训练。或者找一些语言磁带和录像带进行训练。

（5）进修一门公共言谈或演讲的课程。

总之，让我们变得更加成功的许多优异的东西不是与生俱来的，而是需要后天的努力。声音也是这样，你试着改变一下，也许就看到一个意想不到的结果。

控制节奏，瞬间改变说话的效果

有这样一个讲赵匡胤和赵光义两兄弟小时候上课情况的故事。老夫子摇头晃脑、慢条斯理地念着课文，他们两个也跟着摇头晃脑地念着，但却不知所云，因为老夫子那慢慢吞吞的念法实在是引不起他们的兴趣。念了一会儿后，老夫子竟然睡着了，最后还是被两个学生的笑声吵醒了。他们笑什么呢？老夫子见他们不停地指着自己哈哈大笑，似乎预感到了什么。他拿起桌上的镜子一照，不得了，两个调皮鬼趁他睡着的时候在他的脸上胡乱画了眉毛和胡子。他气得暴跳如雷，拿了教鞭就冲着兄弟俩追赶过去。

老夫子自己不会把握讲课的节奏，只知道慢吞吞地念课文，不仅引不起他人的兴趣，最后自己也睡着了，让学生看了笑话。要想将话说好，始终吸引住听众的注意力，就要把握好说话的节奏，该慢则慢，该快则快，既不使听众听得疲惫，也不使其产生逆反心理。

口语中有带规律性的变化，叫节奏，有了这个变化语言才生动，否则是呆板的。一个善于说话的人会很注意说话的节奏。节奏是由语速和语势构成的，包含有缓急、张弛、停连、起伏这些要素。必要时，高屋建瓴，要有百川归海的气势；也可以先抑后扬或先扬后抑；有时也可以娓娓道来，心平气和。

速度节奏的控制和变化一般要通过音调的轻重强弱，吐字的快慢断连，重音的各种对比以及长短句式、整散句式、紧松句式的不同配合才能实现。我们应掌握这些规律，做到快慢适中，快而不乱，慢而不断，增强语言的形象美感。

"文如看山不喜平。"说话也是这样，如果节奏过于松散缓慢，听者的注意力容易涣散；如果始终连珠炮一般咄咄逼人，又会使人的听觉由亢奋转向抑制，甚至会形成心理的逆反。

说话也不能太快太急像发"连珠炮"，这样会使嗓子过度疲劳。可以安排一些间隙性停顿或适当辅以态势语，以延缓嗓子的疲劳。同时还要注意心理的调节与保健，因为最佳的发声状态的前提是最佳的心理状态。可以侃侃而谈，也可以娓娓道来，说话时感情过于冲动，声震屋宇的话，嗓子就容易疲劳，甚至声带受伤。

说话要有节奏，该快的时候快，该慢的时候慢，该起的时候起，这样有起伏有快慢有轻重，才形成了口语的乐感。有位意大利的音乐家，他上台不是唱歌，只是把英文字母有节奏、有变化地从 A 念到了 Z，结果倾倒了所有的观众。可见节奏在说话中是多么重要。节奏与语速有关系，但不是一回事，语速只表示说话的快慢，节奏包括起伏、强弱。

慢节奏：叙述一件事情，描写一处景物，表现一次行动的迟缓，节奏宜慢；表现平稳，沉郁、失望、悲哀情绪节奏宜慢。

快节奏：表现情绪紧张、热烈、欢快、兴奋、慌乱、惊惧、愤怒、反抗、驳斥、申辩时宜快节奏。

节奏调度的原则，一是感情原则，二是语言原则（根据语言的环境调整），三是内容原则（根据内容调整）。

节奏美体现方式：①押韵。如写文章时要体现节奏，可用几个句子像散文诗那样押一下韵。②对应。包括运用对比句和对偶句。③排比句。④复沓。反复使用形式和意义相近的词、句、段。⑤层递。一层递进一层。⑥联珠和回环。联珠即把第一个句子末尾的词作第二个句子开头的词，回环即是一个词反复运用，如"疑人不用，用人不疑"。

把握说话的节奏一般需要掌握以下几个技巧：

（1）浅显快于艰深。内容浅显易懂，说话的节奏就可以适当放快，不须担心听者抓不住说者表达的意思；相反，内容艰深难懂的，就要放慢说话的节奏，否则听者的反应速度很难跟上说话的速度，听不懂的人就会干脆放弃，不听了。

（2）描述快于阐述。描述性的语言一般是讲述一个故事，内容浅显易懂，文字也不会很生硬。而阐述性的语言，一般是讲述一个原理或者介绍一种新事物，大多涉及专业领域的专业词汇，听者往往不很熟悉，这就需要慢慢地讲清楚，如果太快，听者是很难理解的。

（3）议论快于抒情。议论是讲道理，目的是把道理讲清楚，使听者明白就可以了。而抒情的语言有一个更艰巨的任务，就是感染听者，要与他们的心灵发生碰撞，说话者需要时间来表达自己的某种感情，故而不可太快。

（4）激烈快于轻松。要表达激烈的语气，用较慢的节奏显然是达不到效果的。相反，要表达轻松的语气，也不能用太快的语速。

（5）欢愉快于忧伤。欢愉时，语气比较轻快，语调也比较高昂，加快语速有助于传达一种轻快高兴的语意。而忧伤的语言，一般都是低沉的，说话者的反应速度也是很慢的，这时如果语速过快，就很难说你是真的不高兴了。使用错误的节奏就会传达出错误的信息，即使别人听出来你的真实感受，也会觉得你是故意装出来的。

（6）活泼快于稳重。活泼的语言说得太慢，就显示不出调皮搞笑的语境了，而用很快的语速表达持重的话语，也显示不出稳重了。所以，活泼的语言语速应该快于稳重的语言。

以上这些都是由表达的内容、语境和言语交际的目的决定的。运用时要根据具体情况灵活运用。

颠倒语序，突出语言的闪光点

在口语沟通表达中，不同的语序排列能改变人们思想感情信息的性质和力度，并对交际后果产生不同的影响。换句话说，口语沟通表达的效果不仅与所表达内容本身的性质和分量有关，而且与这些内容展开的语言顺序和结构方式相联系。语序的变化组合如同智力魔方一样，巧妙地转动它，可以变换出多种花样、形式，把说者的思想感情色彩淋漓尽致地表达出来，最终征服对手。以下介绍几种常见语序变化技巧。

1. 颠倒词序，建构口语的闪光点

有些词组本来有着固定的位置，表达特定的含义。如果把其词语的位置加以变换、颠倒，其意义就会发生质变，或使强调重点转移，因而能获得强化表达的效果。比如，在中央电视台组织的一次迎奥运文艺晚会上，主持人这样勉励中国足球队："中国足球队虽然屡战屡败，但影响不了他们屡败屡战的意志和精神……"在这里把"屡战屡败"这个词组中的词序加以颠倒，改成"屡败屡战"，意义就发生了重大变化。在说明客观事实的同时，将足球队不屈不挠的拼搏精神突出出来，给人以信心和力量。有时，个别词语顺序的颠倒、变化，孤立地看似乎没有什么不同，但是，一旦纳入到特定的口语表达的语境中，就能产生神奇的作用。

2. 调换成分，突出思想感情色彩

按照一般的表达习惯，句子成分是有一定位置的。为了表达特殊的思想感情，可以把句中的某些成分加以互换、位移，以创造特定的表达效果。比如，"你怎么啦？"表达的是疑问和责备之意，显得比较生硬。改成倒装句"怎么啦，你？"着重表达关切之意，显得和蔼可亲。"你快点！"表示命令，催促。"快点，你！"表示不耐烦，斥责。很显然，句子成分位置变化，所表达思想感情也会发生变化。

3. 语句变序，增强整体表达效果

为了谋求理想的表达效果，不仅需要对口语表达中的个别词序和句子的顺序加以考虑，而且还应从宏观上对表达内容的先后顺序做通盘的策划和设计，这样可以使表达更切题旨。名作家盖达尔旅行时，有个学生认出了他，便抢着为他扛皮箱，可是，当发现皮箱有些破旧时，沉重地说："先生是'大名鼎鼎'的，为什么用的皮箱是'随随便便'的？"盖达尔接过对方的话，巧妙措辞说道："这样难道不好吗？如果皮箱是'大名鼎鼎'的，而我却是'随随便便'的，那岂不更糟？"他的对答十分有趣，又寓意深刻，学生笑了。有时长篇讲话更要精心谋篇，安排层次逻辑顺序，以追求强烈的整体表达效果。

掌握和运用语序变化的技巧，要为沟通的内容服务，决不是无目的地玩弄文字游戏。如果离开了沟通的需要，任意颠倒说话的语序，不但不能增强表达的效果，反而让人感到语无伦次，不知所云，那就事与愿违了。

巧用体语，让表达更富有魅力

高超的沟通能力，既要有动人的谈吐，又要有得体的表情动作。语言较多地显示着内在的思想和智慧，举止则更多地体现外在的风度和形象。恰当地调动姿势和动作来帮助自己说话，会使你的表达更加富有魅力。

身体语言能弥补有声语言的不足，它通过有形可视的、具有丰富表现力的各种动作和表情，协助有声语言将内容准确无误地表达出来。视、听作用双管齐下，辅助有声语言更好地表情达意，能给听者完整、确切的印象。

要巧用身体语言，首先，要懂得如何设计完美的身体语言。

在日常生活中，人们的举手投足，一颦一笑，无不传递着大量的信息，显露出主体的思想感情、爱憎好恶和文化修养。身体语言的设计和运用能使谈话声情并茂、形神皆备。

除了演说之外，说话时多半是坐着的。坐有多种不同方式，有的人喜欢坐在中间，让大家围坐在自己身边；有的人喜欢坐在会场的角落，不让别人注意到自己。其实，最好是坐在面对听众，大家能清清楚楚看见自己的地方。坐的时候，姿势要自然，而且保持端正，切不可斜靠在椅中，或者盘腿，或者把手臂搁在椅背上。

不论坐着站着，腿部常常呈现出这样三种姿势：两腿分开、两腿并拢和两腿交叉。两腿分开是一种开放型姿势，显出稳定、自信，并有接受对方的倾向；两腿并拢的姿势则过于正经、严肃；两腿交叉是一种防御型姿势，往往显得害羞、忸怩、胆怯，或散漫。

还有一种架腿的姿势，就是常说的跷二郎腿。架腿姿势通常是控制消极情绪的人体信号，专家们说它"颇有不拘礼节的意味"，对于女性来说，这是一种不可取的姿势。

说话时，最好采取两腿分开的姿势。站立时，两腿张开，两脚平稳着地成"丁"字形或平行相对，或一前一后，躯干伸直，不要屈膝和弯腰弓背，否则会显得消极懒散，无精打采。坐宜端坐，即两腿稍稍分开，间距不超过肩宽，女性更要注意不过分叉开，腰板轻松地挺直，这样显得自然、从容，情绪饱满。

当发表意见时，如何安放手是要特别留心的。最好是把它们忘掉，让它们自然垂直在身体的两边。如果你觉得它们讨厌而累赘，插在衣袋里或是放在背后也可以。总之，能让你的情绪平和就可以了，不要过多注意它们是否有碍，更不必顾虑听众会不会留意你的手。

如果说话时将注意力集中于真情的流露，两手就会成为你表达意思的工具，会帮助你说话。在需要时，它们会自然地举起来，或放下去。不过，千万不要故意把手交叉在胸前，更不可勉强扶在讲桌上，这样就会使你的身体不能自由行动。而用手玩弄自己的衣服，一则会转移听众的注意力，而你自己也会因此显得愚拙。

表情，即面部表情，主要是脸部各部位对情感体验的反应动作。它与说话内容的配合最便当，因而使用频率比手势高得多。

常用面部表情的含义有：点头表示同意，摇头表示否定；昂首表示骄傲，低头表示屈服；垂头表示沮丧，侧首表示不服；咬唇表示坚决，撇嘴表示藐视；鼻孔张大表示愤怒，鼻孔朝人表示轻蔑；嘴角向上表示愉快，嘴角向下表示敌意；张嘴露齿表示高兴，咬牙切齿表示愤怒；神色飞扬表示得意，目瞪口呆表示惊讶；等等。

交谈时，要敢于和善于同别人的目光接触，这既是一种礼貌，又能帮助维持一种联系，更重要的是眼睛能帮你说话。

交谈中不愿进行目光交流的人，往往叫人觉得是在企图掩饰什么或心中隐藏着什么事；眼神闪烁不定则显得精神上不稳定或性格上不诚实；如果几乎不看对方，那是怯懦和缺乏自信心的表现，这些都会妨碍演讲。当然，和别人进行目光交流并不意味着老盯着对方。

身体语言在说话过程中具有特殊的表达功能。但它毕竟只是完成表达任务的手段，而不是说话所追求的最终目标。相对于口才而言，身体语言并没有独立价值，而只有辅助价值，在谈话过程中处于从属地位。正是这种从属地位，决定了身体语言的设计和运用，必须由表达的内容、情绪和对象等因素的特点来决定。

自审自查，练习之前认识自己的缺陷

如果一个人的脸上长有疤痕，可以从镜中窥见，可以使用化妆品或药品加以治疗弥补。同样，谈吐方面的缺陷也可以改变，只要能够清醒地认识到自己的这些缺陷。

以下几点是常见的谈吐缺陷，我们可以对照检查，并加以改正。

1. 说话用鼻音

用鼻音说话是一种常见且影响极坏的缺点，当你使用鼻腔说话时，就会发出鼻音。如果你用大拇指和食指捏住鼻子，你所发出的声音就是一种鼻音。如果你说话时嘴巴张得不够，声音也会从鼻腔而出。在电影里，鼻音是一种表演技巧，当演员扮演的是一种喜欢抱怨、脾气不好的角色时，他们往往爱用鼻音说话。鼻音对于女人的伤害比男人更大，你不可能见到一位不断发出鼻音，却显得迷人的女子。如果你期望自己在他人面前具有极大的说服力，或者令人心荡神移，就不要发鼻音，而应使用胸腔发音。正确的方法是，平时说话时，上下齿之间最好保持半寸的距离。

2. 声音过尖

每当人受到惊吓或大发脾气时，往往会提高嗓门，发出刺耳的尖叫。女性更容易如此，要多加注意。因为尖锐的声音比沉重的鼻音更难听。你可以照镜子检查自己有无这一缺点：脖子是否感到紧张？血管和肌肉是否像绳索一样凸出？下腭附近的肌肉是否看起来明显紧张？如果有上述情形，你可能就会发出刺耳的尖声。这时你就要当机立断，尽快让自己松弛下来，同时压低自己的嗓门。

3. 说话忽快忽慢

一般来讲，说话的速度很难掌握，即使是一些职业演说家或政治家，有时也不容易把握好自己说话的速度。说话太快，别人就听不懂你在说些什么，而且听得喘不过气来。说话太慢，人们没有耐心听你说。据专家研究，适当的说话速度为每分钟 120～160 个字，当我们朗读时，其速度要比说话快。而且说话的速度不宜固定，你的思想、情绪和说话的内容会影响你表达的快慢。说话中把握适度的停顿和速度变化，会给你的讲话增色。

为了测量自己说话的速度，你可以按照正常说话的速度念上一段演讲词，然后用秒表测出自己朗读的时间。你可以试着按上面那个标准调整说话速度，看是否会收到良好的效果。

4. 口头禅过多

日常生活中，人们经常听到这样的口头禅，如"那个"、"你知道不"、"是不是"、"对不对"、"嗯"等。如果一个人在说话中反复不断地使用这些词语，一定会损害自己说话的形象。

当然谈话中"啊"、"呃"等声音过多，也是一种口头禅的表现，著名演说家奥利佛·霍姆斯说："切勿在谈话中散布那些可怕的'呃'音。"如果你有录音机，不妨将自己打电话时的声音录下来，听听自己是否有这一毛病。一旦弄清了自己的毛病，以后在与人讲话的过程中就要时时提醒自己注意这一点。

5. 讲粗话

讲粗话是说话的恶习。俗话说，习惯成自然。随便什么事情，只要成了习惯，就会自然地发生。讲粗话也是如此，一个人一旦养成了讲粗话的习惯，往往是出口不雅，自己还意识不到。讲粗话是一种坏习惯，是极不文明的表现，但要克服这种习惯并不是一件易事。比较有效的办法是，找出自己出现频率最高的粗话，集中力量首先改掉它。首先，改变讲话频率，每句话末停顿一下；其次，讲话前提醒自己，改变原有的条件反射。出现频率最高的粗话改掉了，其他粗话的克服也就不难了。

请别人督促也很重要。当然，这里的"别人"最好是了解自己的人，这样督促起来可以直截了当。由于有时自己讲了粗话还不知道，请别人督促就能起到提醒、检查的作用。督促还有另一层心理意义，那就是造成一种不利于原有条件反射自然发生的外界环境，以促进旧习惯的终止。

6. 结巴

结巴是口吃的通称。结巴对于极个别的人来说是一种习惯性的语言缺陷，是一种病态反应，他们也被称为口吃患者。口吃就是说话时字音重复或词句中断的现象，要想治愈说话结巴的毛病，除药物治疗外，更重要的是去除心理障碍。日本前首相田中角荣少年时代就是口吃患者，为了克服这个缺陷，他常常朗诵课文，为了发音准确，就对着镜子纠正嘴形，后来他成了一个著名的政治家、演说家。有口吃的人不妨试一试这个方法，坚持朗读文章，只要坚持不懈并保持良好的心态，相信一定会收到好的效果。

第十章

毁掉你的形象,只需要 60 秒

祸从口出，小心"面子问题"毁了你

　　有位文化界人士，每年都会受邀参加某专业杂志年终评鉴工作，这工作虽然报酬不多，但却是一项难得的荣誉，很多人想参加却找不到门路，也有人只参加一两次，就再也没有机会。有人问他为何年年有此殊荣？他在退了休，不再参加此项工作后公开了其中的秘诀。

　　他说，他的专业眼光并不是关键，他的职位也不是重点，他之所以能年年被邀请，是因为他很会给人留面子。他说，他在公开的评审会议上一定把握一个原则：多称赞、鼓励而少批评，但会议结束之后，他会找杂志的编辑人员，私底下告诉他们编辑上存在的问题。因此虽然杂志有先后名次，但每个人都保住了面子，承办该项业务的人员和各杂志的编辑人员也因此都很尊敬他、喜欢他，当然也就每年找他当评审了。

　　其实，我们每一个人，都非常重视自己的面子，为了面子，小则翻脸，大则闹出人命。如果你是个对面子冷感的人，那么你必定是个不受欢迎的人；如果你是个只顾自己面子，不顾别人面子的人，你肯定有一天要吃暗亏。

　　明太祖朱元璋出身贫寒，做了皇帝后自然少不了有昔日的穷哥们儿到京城找他。这些人满以为朱元璋会念在昔日共同受罪的情分上，给他们封个一官半职，谁知朱元璋最忌讳别人揭他的老底，以为那样有失面子，更损自己的威信，因此对来访者大都拒而不见。

　　有位朱元璋儿时一块光屁股长大的好友，千里迢迢从老家凤阳赶到南京，几经周折总算进了皇宫，一见面，这位老兄便当着文武百官大叫大嚷起来：“哎呀，朱重八，你当了皇帝可真威风呀！还认得我吗？当年咱俩可是一块儿光着屁股玩耍，你干了坏事总是让我替你挨打。记得有一次咱俩一块偷豆子吃，背着大人用破瓦罐煮，豆还没煮熟你就先抢起来，结果把瓦罐都打烂了。豆子撒了一地。你吃得太急，豆子卡在嗓子眼儿还是我帮你弄出来的。怎么，不记得啦？”

这位老兄还在那喋喋不休唠叨个没完，宝座上的朱元璋再也坐不住了，心想此人太不知趣，居然当着文武百官的面揭我的短处，让我这个当皇帝的脸往哪儿搁。盛怒之下，朱元璋下令把这个穷哥们儿杀了。

其实，这位老兄并没有做错任何事情，只是过于老实地说出了几句大实话，而没有注意到给当今的一国之君留点面子。皇上恼羞成怒之下，又哪顾得上什么兄弟情谊，所以在待人处世中，必须注意要给别人留足面子，这也是很多待人处世高手不轻易在公开场合批评别人的原因，宁可高帽子一顶顶地送，也不能戳到别人的痛处，让对方丢掉了面子。而且，如果你照顾到了对方的面子，对方也会如法炮制，给你面子，人与人之间的关系也会因此更加和谐。

那么，在待人处世中，怎样才能顾及别人的面子，处理好人与人之间的“面子问题”呢？

第一，要善于择善弃恶。在待人处世中要多夸别人的长处，尽量回避对方的缺点和错误。“好汉不提当年勇”，有谁愿意提及自己不光彩的一页呢？特别是如果有人拿这些不光彩的问题来作文章，就等于在伤口上撒盐，无论谁都是不能忍受的。

有一位年轻的姑娘长得很胖，吃了不少减肥药也不见效果，心里很苦恼，也最怕有人说她胖。有一天，她的同事小张对她说：“你吃了什么呀，像气儿吹似的，才几天工夫，又胖了一圈儿。”胖姑娘立马恼羞成怒，“我胖碍着你什么了？不吃你，不喝你，真是狗拿耗子，多管闲事!"小张不由闹了个大红脸。在这里,小张明知对方的短处,却还要把话题往上赶,自然就犯了对方的忌讳,不找麻烦才怪哩。

第二,指出对方的缺点和不足时,要顾及场合,别伤对方的面子。

有一个连队配合拍电影,因故少带了一样装备,致使拍摄无法进行。营长火了,当着全连战士的面批评连长说:"你是怎么搞的,办事这么毛毛躁躁,难道上战场也装备不齐?"连长本来就挺难过的,可营长偏偏当着自己的部下狠狠批评自己,自然觉得大失面子,于是不由分辩道:"我没带是有原因的,你也不能不经过调查就乱批评!"营长一下懵了,弄不懂平时服服帖帖的连长怎么会这样顶撞他。事后,在与连长谈心交换意见时,连长说,"你当着那么多战士的面批评我,我今后还怎么做工作?"从这个事例中不难发现,假如营长是背后批评,连长不仅不会发火,还会虚心接受批评。营长错就错在说话没有注意场合。

第三,巧给对方留面子。有时候,对方的缺点和错误无法回避,必须直接面对,这时就要采取委婉含蓄的说法,淡化矛盾,以免发生冲突。

古时候,吴国有个滑稽才子,名叫孙山。他与乡里某人的儿子一同参加科举考试。考完后,孙山先回到了家,那个同乡的父亲就向孙山打听自己的儿子是否考上了。孙山笑着回答说:"解名尽处是孙山,贤郎更在孙山外。"孙山的回答委婉而含蓄,既告诉了结果又没刺到对方的痛处。如果孙山竹筒倒豆子,直接告诉对方落榜,那么对方的反应就可想而知了。

此外,在与人交往的过程中,为了"面子上过得去",还必须对对方有一个充分的了解,做到既了解对方的长处,也了解对方的不足。因为每个人都会有自己的个性和习惯，有自己的需求和忌讳，如果你对交际对象的优缺点一无所知，交际起来，就会"盲人骑瞎马"，难免踏进"雷区"，引起别人的不快。

俗话说得好，"打人不打脸，揭人不揭短"，要想与他人友好相处，就要尽量体谅他人，顾及别人的面子。

把好口风，不该说的少说为妙

随便说话的害处是非常多的。比如，某人有不可告人的隐私，你说话时偏偏无意中说到了他的隐私，说者无心，听者有意，他会认为你是有意跟他过不去，从此对你恨之入骨；他做的事，别有用心，所以极力掩饰不使人知，如果被你知道了，必然对你非常不利。如果你与对方非常熟悉，绝对不能向他表明，你绝不泄密，那将会自找麻烦。唯一可行的办法是假装不知，若无其事。

你有得意的事，就该与得意的人谈；你有失意的事，应该和失意的人谈。说话时一定要掌握好时机和火候。不然的话，一定会碰一鼻子灰，不但目的达不到，还会遭冷遇、受申斥。有些奸佞小人，专门喜欢拿别人在说话时机、场合上的失误当枪使，以达到损人利己的目的。

有句老话叫做"祸从口出"，为人处世一定要把好口风，什么话能说，什么话不能说，什么话可信，什么话不可信，都要在脑子里多绕几个弯弯。害人之心不可有，防人之心不可无。一旦中了小人的圈套为其利用，后悔就来不及了！

每个人都有自己的秘密，都有一些压在心里不愿为人知的事情。同事之间，哪怕感情不错，也不要随便把你的事情，你的秘密告诉对方，这是一个不容忽视的问题。

你的秘密可能是私事，也可能与公司的事有关，如果你无意之中说给了同事，很快，这些秘密可能就不再是秘密了。它会成为公司上下人人皆知的故事。这样，对你、同事和你们之间的关系都会造成伤害。

还有，你的秘密，一旦告诉的是一个别有用心的人。他虽然不可能在公司进行传播，但在关键时刻，他也许会拿出你的秘密作为武器回击你，使你变得被动。因为一般说来，个人的秘密大多是一些不甚体面、不甚光彩甚至是有很大污点的事情。这个把柄若让人抓住，便会受制于人。

小窦是某唱片公司的业务员，他因工作认真、勤于思考，业绩良好，被公司确定为中层后备干部候选人。只因他无意间透露了一个自己的秘密而被竞争对手击败，终于没被重用。

小窦和同事李为私交甚好，常在一起喝酒聊天。一个周末，他备了一些酒菜约了李为在宿舍里共饮。俩人酒越喝越多，话也越说越多。酒已微醉的小窦向李为说了一件他对任何人都没有说过的事。

"我高中毕业后没考上大学，有一段时间没事干，心情特别不好。有一次和几个哥们喝了些酒，回家时看见路边停着一辆摩托车，一见四周无人，一个朋友撬开锁，由我把车给开走了。后来，那朋友盗窃时被逮住，送到了派出所，供出了我。结果我被判了刑。刑满后我四处找工作，处处没人要。没办法，经朋友介绍我才来到厦门。不管咋说，现在咱得珍惜，得给公司好好干。"

小窦来公司三年后，公司根据他的表现和业绩，把他和李为确定为业务部副经理候选人。总经理找他谈话时，他表示一定加倍努力，不辜负领导的厚望。

谁知道，没过两天，公司人事部突然宣布李为为业务部副经理，小窦调出业务部另行安排工作。

事后，小窦才从人事部了解到，是李为从中搞的鬼。原来，在候选人名单确定后，李为便找到总经理办公室，向总经理谈了小窦曾被判刑坐牢的事。不难想象,一个曾经犯过法的人,老板怎么会重用呢?尽管你现在表现得不错,可历史上那个污点是怎么也不会擦洗干净的。

知道真相后,小窦又气又恨又无奈,只得接受调遣,去了别的不怎么重要的部门上班。

既然秘密是自己的,无论如何也不能对同事讲。你不讲,保住自己的隐私,没有什么坏处;如果讲给了别人,说不定什么时候别人就会以此为把柄攻击你,使你有口难言。

所以说,只有恰到好处地把握好说话的分寸,才会在与人交往中做到游刃有余,避免给自己招来祸端。

实事求是,赢得口碑的不二法门

有些人随时随地都骄傲自大,炫耀自己,相形之下,那些谦虚谨慎的人的确要好得多。然而,并不是任何场合、做任何事都需要如此"谦虚",因为"谦虚"过度,反让人觉得这个人"真没用"。

因此,即使是"谦虚",也要看场合及身份,该自夸时就自夸。

毛遂若不勇于自荐,可能就被埋没了。苏秦、张仪游说列国,苏秦鼓吹合纵,张仪宣扬连横,往往自许其外交方针、军事策略如何高明。由此看来,早在春秋战国时代的外交舞台与上层社交场合,自赞自夸就已成为极普遍的现象。

但在后来的民间人际交往之中,却形成了这种偏激的传统见解:视自谦自贬为美德,视自赞自夸为狂妄。

在现代化的开放社会,商品经济发达,人际交往频繁,而且新的物质产品、新的精神产品以及新的行业、新的知识和新的人才不断涌现,人们见所未见，闻所未闻。不自赞自夸一番，有谁知晓呢？

今天，招标答辩、招聘口试、评定职称、推销产品等，全离不开自赞自夸。

但自赞自夸与自吹自擂是截然不同的。前者以事实为基础，讲究说话的方式方法，进行适当的艺术加工；后者则纯属不顾事实真相的吹牛皮、说大话。

如何才能做到自赞自夸呢？

自赞自夸，首先，要实事求是，符合实际情况，符合科学规律。如果夸大其词达到了违反生活常规的地步，反而会事与愿违，降低其可信度。

其次，自赞自夸应目的明确、有的放矢。招聘人才、购买商品，都有一定的规格、要求。你的优点非对方所需，你的长处非对方所急，这时自赞自夸如同对牛弹琴。而要了解对方的所急所需，就必须事先对人才市场、商品市场调查研究，做到知己知彼，心中有数。

再次，要避免过度自赞自夸。这要小贬大褒、轻贬重褒，既能体现实事求是的态度，又能给人谦虚的好印象，并且无损自己美好的形象。

最后，自赞自夸既可以直接出自本人之口，也可以转借他人之口，最好再辅以如奖状、奖品、名人评介、新闻传播媒介的表彰等证明，增强其可信度和说服力。

在浩渺无边的谈话题材中，有一些小小的"礁石"，要留心避免。记住，人无完人，即使你在某方面有所成就或者高人一筹，也并不能说明你在其他方面都出类拔萃。记住！不要沾沾自喜而大肆渲染。

不要一心只想求得别人的赞赏，而把事情说得神乎其神，这样别人会觉得你沽名钓誉，手法无异于乞丐讨饭。

别对陌生人夸耀个人的生活，比如你的成就，你的富有，或是你的儿子如何出色。

永远不要在上司面前夸耀自己的才干，不要自我吹捧，盲目展现自己的才华，位居你之上的人不会因此而喜欢你，因为你激起了他们的嫉妒与不安,引起了反感。

说话时,既要有实事求是的态度,又要给人谦虚的印象,坦白地承认你对某些事情的无知,这绝不是耻辱。相反,别人会认为你的谈话不虚伪,没有自我吹嘘,从而为自己赢得好口碑。

嘴上逞能,有百害而无一益

即使你当时忍无可忍,但只要你不想"走人",就千万不要在你的上司面前逞能,更不能当众羞辱你的上司!

有一位大学生,被分配到了一家贸易公司。他能力很强,也很上进,工作十分努力,但一直干了几年,都没有提升的机会,当时与他一起进公司的人有的都做了主管,可他还是一个最底线的人员。其实,同事们都知晓其中的原因,只是他老是想不清楚。有一次,他的主管正和公司老板一起检查工作,当走到他的办公室时,他突然站起来,对自己的主管说:"经理,我想提个意见,我发现咱们部门的管理比较混乱,有时连一些客户的订单都找不到。"也许他说的是事实,但此事的后果就可想而知了。

也许你会说,这个人也是为了公司的利益,并且想改进工作。是的,他的本意不错,但我们要了解人性的另一个方面,谁也不愿当众出丑,即使有些人能做到不计前嫌,但忘不掉当众受辱的难堪的凡人更多!所以,这件事可能会产生一些潜在的后果:一方面,双方心里都有疙瘩,受到指责的人因为自尊受到了伤害,终究不能释怀;指责他人者心理也总是担心挨整,时时提防。另一方面,可能埋下了将来争斗的种子，表面上看起来平静无波，主管当场接受意见，但心里可能耿耿于怀，要伺机报复。

一般说来，大多数上司不想被人当众指责自己工作中的疏忽和漏洞，特别是当着自己老板的面，这样会影响上司的前程，作为下属即使你说得再对，如果他因此而失去了自己的职位，他还会感谢你的提议吗？如果他对你不满，也许会做出一些对你不利之事，如：

——冰冻你，不给你事做。你脸皮再厚，也不可能每天闲着没事吧！

——鸡蛋里挑骨头。明明你工作干得不错，但他就是不满意，总是挑毛病！

——给你作出不良的业绩考核。业绩不好，加薪、升官还有希望吗？

——分化你和同事之间的感情，造成你的孤立！

——当众给你难堪。例如在开会的时候批评你，作为上司，他有批评你的资格！

总之，你的上司比你的优势更多，不管他使出上面的哪一招，都能让你这个当下属的坐立难安。如果你想越级打小报告，除非你证据明显，而且你的上司错误严重，否则也不会有太大的效果。因为他毕竟是老板提升上去的。

由此看来，想办法把他弄下去不就行了。如果你确有证据，足以让他下台，也未尝不可，但这样一来，你会得到一个"好斗"的评语；除非你手上有丰富的资源可以分配，否则人人都会对你敬而远之，因为他们怕不小心也被你斗倒。而更严重的是，你把现在的上司斗走了，新换的上司也许也怕接近你，他也怕被你斗倒！

所以，如果有意见，一定要找到一种妥善的方式和上司沟通，最好出之以礼，即使内心不服，也不能当众指责，那样只说明你还不成熟，缺乏理性罢了。

万一你年轻气盛，不小心当众让你的上司出了丑，而你并不想离职,那就赶快向上司道歉,这是唯一可取的弥补措施,也许你的上司看到你的低姿态,会认为你当时并不出于什么目的,而会原谅你。如果不去道歉,后果会很糟糕——那会让你无路可走,结果只有"走人"!

看清脸色,巧口说话才能避免失误

很久以前,有个国王夜里梦见他的牙齿全部掉光了。国王召来一个解梦家,问他这个梦是什么意思,解梦家听完了说:"国王陛下,这真是不幸,这说明您的亲人会遇到灾难,因为每个牙的掉落,都代表着你一个亲人的死亡!"

"什么,你这个胡说八道的家伙!"国王愤怒地朝他大喊道:"你竟敢对我说这种不吉利的话?真是胆大妄为!"国王转过身下令:"来人!将这家伙拖出去打100大板。"不一会儿国王又请来了另一个解梦家,问他征兆。听了国王的梦,这个解梦家立刻恭贺国王。他说:"国王您真是幸运,这个梦预示着您的寿命比您所有的亲人都长!"国王听了,阴沉的脸马上开朗起来,笑着说:"还是你的解梦术高明。侍卫立刻陪他到库房领取了50个金币。"同一种意思两种不一样的表达方式,结果竟有天壤之别。

俗话说:"用蜜比用醋更能捉到苍蝇。"每个人都喜欢听好听的话,符合自己心意的话。所以,我们就应该培养自己察言观色、投其所好的说话习惯,这样做你才能成为一个受欢迎的人。

古代一位财主中年得子,非常高兴,摆了酒席宴请亲朋好友。亲戚朋友见了小孩都拣好听的话说,有的说这孩子大富大贵,将来一定会做官，有的说这小孩一脸福相，将来一定家业兴旺。财主听了心里喜滋滋的。偏偏这时一个人说道："这孩子将来一定会死。"此话一出，财主的好心情没有了，酒席草草结束。

此人所讲的确是真话，因为生老病死，谁也逃脱不了，但他不掌握财主的心理需求，冒冒失失讲出这句话，让人又气又恼。

这个人乱讲话，只不过得罪了财主，顶多财主以后不再宴请他，这也没什么大不了，可有的时候，如果你说话不注意投其所好，不会看脸色，甚至会前程尽毁。

唐朝的孟浩然，早年即显示出超人的才华，且名传京师，也很想到政坛上一展身手。却因为一时不慎，将话说错，以致一生不第。他与王维交好，王维在宫内时约孟浩然朗诵自己的诗作。不料，诗中有"不才明主弃"一句，惹怒了玄宗。玄宗以为孟浩然是在讽刺他不分贤愚，埋没人才，孟浩然不但没得到什么官做，还惹怒了龙颜。孟浩然是个明白人，他知道这一下仕途更加无望了。"当路谁想假，知音世所稀，只应守寂寞，还掩故园扉。"于是告别友人，离开长安回到故乡过起了隐居生活。此后，孟浩然由儒而道，在山水田园诗作中倾诉痛苦，消磨时光，抒发"月光杯中物，谁论世上名"的感叹去了。

人难免会遇到一些让自己懊恼、烦闷的事，这时如果旁人能投其所好说上几句宽解的话，不快自然也就没了。

一次，解缙与朱元璋在金水河钓鱼，整整一个上午一无所获。朱元璋十分懊丧，便命解缙写诗记之。没钓到鱼已是够扫兴了，这诗怎么写？解缙不愧为才子，稍加思索，立刻信口念道："数尽纶丝入水中，金钩抛去永无踪，凡鱼不敢朝天子，万岁君王只钓龙。"朱元璋一听，龙颜大悦。

还有,南朝宋文帝在天泉池钓鱼,垂钓半天没有任何收获,心中不免惆怅。王景见状便说:"这实在是因为钓鱼人太清廉了,所以钓不着贪图诱饵的鱼。"一句话说得宋文帝拿起空杆高兴地回宫了。

俗话说:"出门观天色,进门看脸色。"观天色,可推知阴晴雨雪,携带行具,以免受日晒雨淋。看脸色,便可知其心意,投其所好。

点到为止,勿做一个讲大话的吹嘘者

人应该有自知之明,夸口、说大话、"吹牛皮"的人,常常是外强中干的;而且他们的目的不过是引起大家对他的关注,以满足自己的虚荣心。朋友、同事相处,贵在讲信用。自己不能办到的事情,胡乱吹嘘,会给人华而不实的感觉。

不顾别人的感受,只顾沉浸于自我吹嘘,在多数场合是不受欢迎的,每个人都有一种逆反心理,排斥别人的吹嘘。优点最好由别人去发现,这不是缺乏自知之明,别人发现了也不见得非讲给你听,这样才有人际交往中的震慑力和神秘感,也就是很多人梦寐以求的"魅力"。同样,对于自己取得的成就,重要的不是向别人吹嘘炫耀,而是谦虚和分享。

王先生在刚到工作单位的那段日子里,在同事中几乎一个朋友也没有。那时他正春风得意,对自己的机遇和才能非常自得。因此,每天都极力吹嘘他在工作中的成绩,每天有多少人找他请求帮忙等得意之事。然而同事们听了之后不仅没有人分享他的"成就",还极不高兴。后来还是老父亲一语点破,他才意识到自己的错误观念。从此,他就很少谈自己的成就而多听同事说话，因为他们也有很多事情要吹嘘，让他们把自己的成就说出来，远比听别人吹嘘更令他们兴奋。

事实只有十分之一，或者连十分之一都不足，说话却说到十分，虚多而实少。有的人靠一条三寸不烂之舌，说得非常动听，一部分人也许会上他的当，信以为真。这就是吹嘘人的本事。有的人他对于某种学问技术不过初窥门径，还未登堂，更未入室，居然自命为专家，到处宣扬，不认识他的人不易拆穿，这叫做吹得隐秘。有的人对他的自身经历，说得津津有味，某事是他做的，某计划是他拟的，某问题是他解决的。好像他是足智多谋，好像他是万能博士，不是参与此事的人，自然无法证实其虚伪，这种人叫吹得有水平。有些人的事业并无什么发展，他却说如何有把握，手中的货物如何充分，某批生意赚多少钱，说得大家有些心动，这叫做吹得有能耐。但是这些人终究会被他们的吹嘘所累，害人害己。

某单位的赵女士，每天总是利用一切机会让人们知道她的存在。一位老兄在为儿子差两分没被清华大学录取而苦恼，一旁的赵女士生怕没说话的机会，插嘴道："真是的，我那儿子也不争气，要升初中了，才考了99分。"旁人不难看出，她到底是自贬还是自夸。一年秋季，她办完调动手续，满以为大家会热情欢送，岂料送行的只有一名例行公事的干部。

人都会有成功或失败的时候。成功时，不骄傲自大，自我吹嘘，而是精益求精，更上一层楼；失败了，更不能自我贬低，失去信心，而是自我砥砺，永争上游。如此具有自知之明，才能走向更大的成功。

避免歧义,动口之前细思量

说话的角度不同,得到的结果也会不同,所以说,动口之前一定要先想一想从哪个角度说才能达到理想的效果。

有两个年轻的修士同时进入一所修道院修道,两人过去都有抽烟的习惯。

为了能一解烟瘾,其中一位去问老院长:"能不能在祷告的时候抽烟?"结果此人被臭骂了一顿回来。

另一个修士问老院长:"可不可以一边抽烟一边祷告?"这人居然被院长大大地夸奖一番,称赞他连抽烟都想到要祷告。

这两个修士,所做的事是一样的。只因说话的角度不同,而得到了两种截然不同的待遇。可见,我们在说话之前,得好好地打打草稿。

另有一个人为了庆祝自己的 40 岁生日,特别邀请了四个朋友,在家中吃饭庆祝,三个人准时到达了,只剩一人,不知何故,迟迟没有来。

这人有些着急,不禁脱口而出:"急死人啦!该来的怎么还没来呢?"

其中有一人听了之后很不高兴,对主人说:"你说该来的还没来,意思就是我们是不该来的,那我告辞了,再见。"说完,就气冲冲地走了。

一人没来,另一人又气走了,这人急得又冒出一句:"真是的,不该走的却走了。"

剩下的两人,其中有一个生气地说:"照你这么讲,该走的是我们啦！好，我走。"说完，掉头就走了。

又把一个人气走了，主人急得如热锅上的蚂蚁，不知所措。

最后剩下的这一个朋友交情较深，就劝这人说："朋友都被你气走了，你说话应该留意一下。"这人很无奈地说："他们全都误会我了，我根本不是说他们。"

最后这个朋友听了，再也按捺不住，脸色大变道："什么！你不是说他们，那就是说我啦！莫名其妙，有什么了不起。"说完，铁青着脸走了。

言者无心，听者有意。语言表述不慎，往往造成歧义。因此，我们在说话之前，一定要考虑周全，脱口而出的话，往往会得罪了别人。

过分客套，反而显得虚伪做作

假如你到一个朋友家去，你的朋友对你异常客气。你每说一句话他都"唯唯"而答，和你说话时也总是满口客套，唯恐你不欢，唯恐得罪了你。在这种情况下，你一定觉得如芒在背，坐立不安，直到离开他家，才觉得如释重负。

刚开始会客时说几句客气话是必要的，若持续说个不停就不太妥当了。谈话的目的在于沟通双方的感情，加深双方的了解；而客气话则恰恰是横阻在双方中间的墙，如果不把这墙拆掉，人们只能隔着墙做一些简单的敷衍酬答而已。

大概朋友们初次会面都略有些客套，而第二、第三次见面就免去了许多客套。那些"阁下"、"府上"等名词如果一直用下去，朋友间必然显得生分。

客气话是表示你的恭敬和感激的,不是用来敷衍朋友的,所以要适可而止,多用就会流于迂腐、流于浮华、流于虚伪。有人替你做了一点小小的事情,比如说倒一杯茶吧,你说"谢谢"也就足够了。要是在特殊的情况下,也最多说"对不起,这事情要麻烦你"就够了。但是有些人却要说上"啊,谢谢你,真对不起,不该这点小事也麻烦你,真使我过意不去,实在太感谢你……"等一大串客套话,你听着也会感到不舒服。

说客气话的时候要充满真诚,像背熟了的唐诗般泻出来的客气话最易使人讨厌。说话时态度更要温雅,不可显出急促紧张的样子。此外,说客气话时要保持身体均衡,过度的打躬作揖、摇头弯身并不雅观。

把平时对朋友太客气的语言改成坦率的词语,你一定能获得更多的友谊。对平时你从未表示客气的人们稍说一些客气话,如家中的佣人、你的孩子、商店的伙计、出租车司机等,你一定会收到意想不到的好处。

不急不躁,说话的时机很重要

孔子在《论语·季氏》里说:"言未及之而言谓之躁,言及之而不言谓之隐,不见颜色而言谓之瞽。"这句话有两层意思:

一是不该说话的时候说了,叫做急躁。

二是应该说话的时候却不说,叫做隐瞒。

三是不看对方的脸色变化,贸然信口开河,叫做闭着眼睛瞎说。

这三种毛病都是没有把握说话的时机,没有注意说话的策略和技巧。因为说话是双方的交流,不是一个人的单方面行为,它要受到诸如说话对象、时间、环境等种种限制,所以要把握时机。如果该说的时候不说，时境转瞬即逝，便失去了成功的机会。同样地，如不顾说话对象的心态，不注意周边的环境气氛，不到说话的火候却急于抢着说，很可能会引起对方的误解，甚至反感。如果信口开河，乱说一通，后果就更加严重。

战国时，楚王的宠臣安陵君能说会道，很受楚王器重。但他并不遇事张口就说，而是很讲究说话的时机。他有一位朋友名叫江乙，对他说：

"您没有一寸土地，又没有至亲骨肉，然而身居高位，享受优厚的俸禄，国人见了您，无不整衣跪拜，无不接受您的号令，为您效劳，这是为什么呢？"

安陵君说："这是大王太抬举我了。不然哪能这样！"

江乙便不无忧虑地指出："用钱财相交的人，钱财一旦用尽，交情也就断了；靠美色相交的人，色衰则情移。因此，狐媚的女子不等卧席磨破，就遭遗弃；得宠的臣子不等车子坐坏，已被驱逐。如今您掌握楚国大权，却没有办法和大王深交，我暗自替您着急，觉得您的处境太危险了。"

安陵君一听，恍然大悟，毕恭毕敬地拜问江乙："既然这样，请先生指点迷津。"

江乙说："希望您一定要找个机会对大王说：'愿随大王一起死，以身为大王殉葬。'如果您这样说了，必能长久地保住权位。"

安陵君说："谨依先生之言。"

但是，过了很长时间，安陵君依然没有对楚王提起这话。

江乙又去见安陵君，说："我对您说的那些话，您为何至今不对楚王说？既然您不用我的计谋，我就再不管了。"

安陵君急忙回答："我怎敢忘却先生的教诲，只是一时还没有合适的机会。"

又过一段时间，机会终于来了。此时楚王到云梦打猎，一箭射死了一头狂怒奔来的野牛。百官和护卫欢声雷动，齐声称赞。楚王也高兴得仰天大笑,说:"痛快啊!今天的游猎,寡人何等快活!待寡人万岁千秋之后,你们谁能和我共有今天的快乐呢?"

此时,安陵君抓住机会,泪流满面地走上前来,说:"臣进宫就与大王共席,出宫与大王同车,如果大王万岁千秋之后,我愿随大王奔赴黄泉,变做芦草为大王阻挡蝼蚁,那便是臣最大的荣幸。"

楚王闻言,大受感动,随即正式设坛封他为安陵君,对他更加宠信了。

这件事说明,把握说话时机非常重要,这个过程需要充分的耐心,也需要积极进行准备,等待条件成熟。《淮南子·道应》云:"事者应变而动,变生于时,故知时者无常行。"安陵君的过人之处,便在于他有充分的耐心,等待楚王欢欣而又伤感的那个时刻。此时,动情表白,感人肺腑,愉悦君心,终于受封,保住了长久的荣华富贵。

小心谨慎,尽量说别人爱听的话

一句话可能令你晋位升爵,但也有可能给你惹来杀身之祸。如果不能融会贯通说话的学问,最好少言。

三国时期的杨修,在曹营内任主簿。他才思敏捷,是当时不可多得的人才,但恃才自负,屡次得罪曹操而不自知。

某日,曹操的一所花园竣工,他四处观看,不发一语,只提笔在门上写了一个"活"字,想和手下人来打个哑谜。众人看了都不解其意,只有杨修笑着说:"'门'内添'活'字,乃'阔'字也。丞相是嫌园门太窄了,想扩宽它。"

于是，手下们再筑围墙，改造完毕又请曹操前往观看。曹操看了非常高兴，一问之下，知道杨修毫不费力就解出自己出的谜题，嘴上虽然称赞几句，心里却很不是滋味。

又有一天，塞北送来一盒酥饼，曹操在盒子上写了"一盒酥"三字。正巧杨修进来，看了盒子上的字，竟不待曹操开口，径自取来汤匙与众人分食那一盒糕饼。

曹操被他大胆妄为的行径吓了一跳，此时，杨修嘻嘻哈哈地说："盒子上写明了一人一口酥，我又怎么敢违背丞相的命令呢？"

曹操听了，虽然勉强保持风度、面带笑容，心里却十分厌恶杨修这种得了便宜还卖乖的行为。

曹操生性多疑，深怕遭人暗中谋害，因此谎称自己在梦中会不自觉地杀人，告诫身边侍从在他睡着时切勿靠近他，后来故意杀死一个替他拾被子的侍从，想借此杀鸡儆猴。

没想到杨修得知这件事后，马上看穿了曹操的心意，当着曹操的面喟然叹道："丞相非在梦中，君乃在梦中耳！"

曹操哪里经得起这样的冷嘲热讽，下定决心，非把杨修这个人除之而后快不可。

机会终于来了。曹操率大军攻打汉中，迎战刘备时，双方于汉水一带对峙很久。曹操由于长时间屯兵，已经陷入进退两难的处境。此时，恰逢厨子端来一碗鸡汤，曹操见碗中有根鸡肋，感慨万千。

刚好夏侯惇在这时进入帐内禀请夜间口令，曹操随口说道："鸡肋，鸡肋！"夏侯惇便把这两个字当做口令传了出去。

行军主簿杨修听了这事，便叫随行的部众收拾行装，准备归程。

夏侯惇见了惊恐万分，立即把杨修叫到帐内询问详情。

杨修解释道："鸡肋鸡肋，弃之可惜，食之无味。今进不能胜，退恐遭人笑，在此有何益处？来日魏王必班师矣。"

夏侯惇对杨修的这一番解释非常佩服，于是，下令营中将士打点行装，准备撤退。

曹操得知这种情况,一口咬定杨修造谣惑众,在他身上安了一个扰乱军心罪,毫不留情地把他杀了。

杨修颇有些聪明,最后却聪明反被聪明误。他恃才傲物,只想一味展现自己的机智,完全不顾及别人的感受好恶;即使面对的是顶头上司,都还要处处露一手,终于惨遭灭顶的命运。

说话,通常不是说给自己听,而是说给别人听;既然如此,又怎能不去考虑一下别人听了这些话会有怎么样的感受呢?

一个真正懂得沟通的人,不见得字字珠玑,但是,他总是能说出对方想听到的话。

宽容大度,得饶人处且饶人

我们说有理走遍天下,意思并不是说有了理就不依不饶。在得势的情况下饶人,矛盾就会立刻缓解。所以说,主动示弱的话是处理人际关系的一剂良药。

美国有位总统马辛利,因为用人问题,遭到一些人强烈反对。在一次国会会议上,有位议员当面粗野地讥骂他。他极力忍耐,没有发作。等对方骂完了,他才用温和的口吻道:"你现在怒气应该平息了吧,照理你是无权这样责问我的,但现在我仍然愿详细解释给你听……"他的这种让人姿态,使那位议员羞红了脸,矛盾立即缓和了下来。试想,如果马辛利得理不让人,利用自己的职位和得理的优势,咄咄逼人进行反击的话,那对方决不会服气的。由此可见,当双方处于尖锐对抗状态时,得理者的忍让态度,能使双方对立情绪"降温"。

下面介绍一些适时退让的方法，请诸位切记常常使用。

1. 给台阶，"你好我好大家好"

生活中常有一些人特别固执己见，十分容易为些小事情同别人争论，而且火药味浓烈。这时候，得理的一方应当有饶人的雅量，可以一面解释一面折中调和，最好使用不带刺激性的"各打五十大板"或者"你好我好"的语言形式，以避免冲突的扩大。

有一位先生，一次上岳父家吃饭，进餐时翁婿两人聊起了一条高速公路的修建问题。那先生强调：公路的进度一再推迟，是有关方面的一个严重错误；而岳父则不同意，认为公路本来就不该兴建。两人你一言我一语，争论渐趋激烈。后来那位泰山大人把问题扯到"年轻人自私心重，没有环保意识"上面，显然是在批评那先生。那先生怕再争下去伤和气，便开始缓和下来，他婉转地说："可能我们的看法永远也不会合辙，可是，那没有什么，也许我们都是对的，也许我们都是错的，这也是未可知的事。"那先生的一席话，不仅给自己搭了台阶，也给争论双方打了圆场。避免了双方争论不休，矛盾扩大，影响感情。试想，如果那先生意气用事地与岳父争论下去，结果会如何呢？

2. 熄怒火，"事情原来如此这般"

不少时候，人和人之间的误会，是由于互不了解、有失沟通造成的。这时候得理的一方切不可因对方的错怪而以怒制怒。最好的方式是多加解释，想法沟通或者道歉、劝慰，与对方达成谅解或共识。

一所医院里，病人挤满了候诊室。一个病人排在队伍中，将手上的报纸都看完了也没有挪动一步，于是他怒火万丈，敲着值班室的窗户对值班人员大喊："你们这是什么医院？这么多人排队你们看不见吗？为什么不想办法解决？我下午还有急事呢！"值班员面对病人的怒火，耐心解释说："很抱歉，让你等了这么久。是这样的，医生去开刀了，抢救一个危重病人，一时脱不了身。我再打电话问问，看看他还要多久才能出来。谢谢你的耐心等候。"患者排大队得不到及时诊治，责任并不在那个值班员身上，但是面对病人的错怪，他却沉住气一面解释，一面劝慰，这就比以怒制怒，火上添油的回答好多了。

3. 担责任，"这一切权当都怪我"

面对蛮横无理者，得理者若只用以恶制恶的方式，常常会大上其当。这时候，平息风波的较好方式，莫过于理智勇敢地站出来，主动承担责任，以自责的方式对抗恶人的恶语，以柔克刚。

有一个商场营业员，遇一个中年男子来退一只电饭锅。那锅已经用得半新半旧了，他却粗声粗气地说："我用了一个多月就坏了，这是什么鸟锅？你再给我换一只！"营业员耐心解释，他却大吼大嚷，并满口脏话说什么"我来了你就得给退，光卖不退算个鸟！"营业员虽然占理，但为了不使争吵继续下去，便温和地对他说："这种电饭锅已经用一段时间了，又没有质量问题，按规定是不能退的。可是你执意要退，那就干脆卖给我好了。"就在她掏钱的时候，那个粗暴的男顾客脸红了，他终于停止了争吵，悄然离去。显然，营业员的宽容与自责方式起了良好作用。因为它反衬出对方的无理和低劣，从而从容地制止了事态的扩大。

总而言之，为人不可太固执，如果占理，让人一步不为低，人们最终会承认你的正确，并称道你的宽宏大量。

言而有信，切忌乱开空头支票

当今社会，说话开空头支票已成为好些人的习惯，嘴上说得好听，做起来却是另一套。一旦时间久了人家认清了你的本来面目，你说得再好听也无法把话说圆。

"空头支票"是一个人信用的组成部分，一旦开出而不能兑现，必然使自己的信誉度降低，因此，"空头支票"还是少开为佳。

在交际场上，说出去的话就像泼出去的水一样，无法收回，比如做生意的你信誓旦旦地承诺："不管怎么样，这次价格给你便宜两成！"

"无论什么时候都免费进行维修！"

"这个和那个就白送给你了！"

在总想卖出，让对方买下的心情的支配下，很容易会无意中说出多余的事来，而让对方抓住意外的许诺。

在说出没有商量余地的话之前，一定要在脑子里盘算几下，必须明确表明：在某种范围内自己要承担一定的责任。

处理纠纷时更须注意不要做口头上的许诺，千万不要为了安慰对方而说出对自己、对自己公司不利的事，如果对纠纷内容没有十分的把握，就不要依对方所说的去办。

"我方将很快做出处理，请原谅"、"那件事，我会负责的"、"这个，我知道怎么处理"等要慎用。

在弄清事情的前因后果，判明自己的确有责任以后再说也不迟，虽然有必要倾听对方的发言，但是并不意味可以轻率地承诺。

不要在纠纷的当场许下诺言，而应该采用以下的话来平息纠纷：

"我们一定会努力查明问题的真相！"

"待和上司商量后,我们将酌情做出妥善处理!"

"这件事还是让我考虑考虑吧。"

"我试着干干看吧。"

但有时语言表达容易含混不清,所以一旦找到对方能理解的妥协点,就要清楚说明哪些可做,哪些不能做,而认真地予以解决。如果有可能的话,最好将其付诸书面形式,处理纠纷也是商业交涉,最后一定要弄得一清二楚。

如果你总是对朋友开"空头支票",这个"行"、那个"没问题",而不付诸实际行动,你将失去别人的信赖。

和睦相处,远离办公室语言沟通禁忌

在漫长的职业生涯中,不得不与形形色色的人打交道,若想有一个和睦的工作环境,和同事愉快地相处,就要了解办公室里语言沟通上的禁忌。

1. 不在办公室里打私人的电话

很多人有占小便宜的心理,常常在工作时间利用公司的电话给亲朋好友打长途。这样做不仅占用了工作的时间,影响工作效率,浪费了公司的资源,还大大影响了其他同事对你的印象。也许还会传到老板的耳朵里,万一因为这小小的原因而丢了工作,就得不偿失了。

2. 掌握与同事谈话的分寸

在办公室里,同事每天见面的时间最长,谈话可能涉及工作以外的各种事情,"讲错话"常常会给你带来不必要的麻烦。同事与同事间的谈话,如何掌握分寸就成了人际沟通中不可忽视的一环。

3. 不要在办公室里辩论

有些人喜欢争论，一定要胜过别人才肯罢休。假如你实在爱好并擅长辩论，那么建议你把此项才华留在办公室外发挥，否则，即使你在口头上胜过对方，也可能因此伤了对方的自尊，从而导致双方的嫌隙。

4. 不向同事倾吐苦水

有许多爱说话、性子直的人，喜欢向同事倾吐苦水。虽然这样的交谈富有人情味，能使你们之间变得友善，但是研究调查指出，只有不到1%的人能够严守秘密。所以，当你的个人危机发生时，最好不要到处诉苦，不要把同事的"友善"和"友谊"混为一谈，以免成为办公室的注目焦点，给老板造成问题员工的印象。

5. 不做办公室里的"包打听"

包打听，就是在别人背后说的话，只要人多的地方，就会有闲言碎语。有时，你可能不小心成为"放话"的人；有时，你也可以是别人"攻击"的对象。这些耳语，比如领导喜欢谁，谁最吃得开，谁又有绯闻等，就像噪声一样，影响人的工作情绪。聪明的你，要懂得该说的就勇敢地说，不该说绝对不要乱说。

6. 不做讲大话的吹嘘者

有些人喜欢与人共享快乐，但涉及你工作上的信息，譬如，即将争取到一位重要的客户，老板暗地里给你发了奖金等，最好不要拿出来向别人炫耀。只怕你在得意忘形中，忘了某些人眼睛已经发红。

参考文献

［1］陈建伟．1 分钟口才训练：有效沟通的艺术［M］．重庆：重庆出版社，2011．

［2］余世维．有效沟通Ⅱ［M］．北京：北京大学出版社，2009．

［3］［美］戴尔·卡内基．卡内基沟通与人际关系［M］．北京：中信出版社，2008．

［4］鞠远华．5 分钟打动人心——善用赞美的 13 种方法［M］．北京：北京大学出版社，2009．

［5］［美］威克斯，綦丽芹 译．哈佛经典沟通术［M］．北京：中国人民大学出版社，2009．

［6］［美］米尔顿·赖特．倾听和让人倾听：人际交往中的有效沟通心理学［M］．周智文 译．北京：新世界出版社 2009．

［7］［美］卡耐基．有效沟通的艺术［M］．曹景龙 译．北京：北京理工大学出版社 ，2010.5